예수의 최후 기도

Kreuzeswort und Sakrament (1957, ²2003)
Vorwort von Hans Urs von Balthasar
© Johannes Verlag Einsiedeln, Freiburg

Korean translation copyright © 2024 Catholic Publishing House

All rights reserved. No part of this book may be used or reproduced in any manner without written permission, except in the case of brief quotations embodied in critical articles or reviews.

예수의 최후 기도

2023년 11월 3일 교회 인가
2024년 2월 14일 초판 1쇄 펴냄

지은이 • 아드리엔 폰 슈파이어
옮긴이 • 문재상
펴낸이 • 정순택
펴낸곳 • 가톨릭출판사
편집 겸 인쇄인 • 김대영
편집 • 강서윤
디자인 • 정호진
마케터 • 황희진, 안효진

본사 • 서울특별시 중구 중림로 27
등록 • 1958. 1. 16. 제2-314호
전자우편 • edit@catholicbook.kr
전화 • 1544-1886(대표 번호)
지로번호 • 3000997

ISBN 978-89-321-1887-1 04230
    978-89-321-1864-2 (SET)

값 13,000원

성경 © 한국천주교중앙협의회, 2024.

이 책의 한국어 출판권은 (재)천주교서울대교구 가톨릭출판사에 있습니다.
저작권법에 의해 한국 내에서 보호를 받는 저작물이므로 무단 전재와 무단 복제를 금합니다.

가톨릭의 모든 도서와 성물을 **'가톨릭출판사 인터넷쇼핑몰'**에서 만나 보실 수 있습니다.
http://www.catholicbook.kr | (02)6365-1888(구입 문의)

예수의 최후 기도

가상칠언에 숨겨진 칠성사의 비밀

아드리엔 폰 슈파이어 지음 · 문재상 옮김

Adrienne von Speyr
Kreuzeswort und Sakrament

가톨릭출판사

머리말

사람들은 대개 이 소책자처럼 섬세하고 조밀하게 구상한 작품의 머리말을 쓰기를 주저할 것이다. 오해들이 산발적으로 흩뿌려지듯 드러날 수 있기 때문이다. 아드리엔 폰 슈파이어가 가상칠언과 일곱 성사를 비교하겠다는 계획을 말했을 때, 나는 회의적이었다. 억지로 끼워 맞춘 것처럼 연결하는 것 외에 다른 방법이 있겠냐는 생각이었다. 교회가 십자가 곁에서 현재화된다는 것, 그리고 터무니없이 엄청난 마지막 순간의 말씀이 교회 안에서 현재화되어 머무른다는 것을 눈앞에 드러내는 중대한 의미를 지닌 서장이 구술되고 나서, 그 회의는 숙고로 바뀌었다. 물론 그렇게 비교하는 작업이 언제나 조밀한 것은 아니다. 때로는 그림이 끝까지 그려진 것도 있고, 때로는 가장자리의 윤곽만 그린 것도 있다. (아마 사람들이 질문을 통해 부연 설명이나 심화된 내용을 요청할 수도 있을 것이다.) 하지만 여기에서 제시한 내용을 음미한 사람이라면 그 필치의 정확성에 깜짝 놀라거나, 아니면 적어도 억지스러운 연결이나 비유라 말하기를 주저하게 될 것이다.

여기에서 중요한 것은 가상칠언이나 성사의 순서가 아니라, 오히려 이 유언과 같은 말씀과 그 안으로 응축되는 교회적 형태의 일치다. 이 일치는 양쪽 측면에서 결코 잊힐 수 없는 것이다. 가상칠언은 '말씀의 말씀들'이고, 칠성사는 교회의 단일한 성사성의 형상화이며, 교회 자신이 유일한 말씀(로고스)의 표현이 된다. 하느님의 삼위일체적 삶이 풍부한 결실을 맺는 십자가 사건을 통해 교회의 (바로 우리 교회의!) 영혼과 형상에 새겨져 있다는 신비. 그 신비의 심연 속으로, 이 책이 끊임없이 초대하는 바로 그 안으로 들어가기를 계속 거부하면서 각각의 말씀과 성사 하나하나의 형태에 얽매여서는 안 될 것이다.

한스 우르스 폰 발타사르

옮긴이의 말

아드리엔 폰 슈파이어의 이 짧은 작품은 예수님께서 십자가에서 말씀하셨던 일곱 말씀(가상칠언) 안에서 가톨릭 교회의 칠성사를 묵상한 것이다. 한스 우르스 폰 발타사르가 서문에서 이미 말했듯이 슈파이어의 표현이나 논리가 언제나 완벽한 그림을 그리고 있는 것은 아니다. 하지만 십자가의 말씀을 통해 교회가 지닌 보화인 칠성사를 재발견하려 하고 있으며, 그 안에서 주님의 십자가가 지닌 '현재성'을 교회에 선사하고 있다. 그것만으로도 이 작품이 주는 가치는 충분하다. 주님께서 십자가 위에서 하신 말씀은 교회를 형성하고 있으며, 교회의 '오늘'에 깊이 스며들어 있다! 그 말씀은 단순한 유언이나 최후의 변론이 아니고, 오히려 교회의 본질과 맞닿아 있는 말씀이며, 더 나아가 교회의 본질을 이루는 말씀이다.

이 책에는 엄밀한 신학적 논증이 이어지거나, 풍부한 주석이 달리지는 않았다. 그럼에도 슈파이어가 묵상하고 숙고하여 써 내려간 이 글은 참으로 아름다우며, 읽는 사람의 마음을 움직이는 힘이 있다. 주님의 죽음은 더 이상 나와 관계없는 '타인의 죽음'으로 머무르지 않으며, 그 십자가 죽음이 곧 나의 일부가 되고, 내가 속한 교회의 일부가 된다. 그분의 마지막 말씀이 우리가 의식하기도 전에 이미 우리의 실존 가운데 깊숙이 자리하고 있음을 우리는 이 글을 통해 깨닫게 된다.

저자의 진심이 담긴 글에 이 보잘것없는 번역이 누가 되지 않을까 염려 가득한 마음이다. 하지만 만일 누군가 이 책을 통해 주님의 십자가를 좀 더 가까이 느낄 수 있다면, 그분의 마지막 순간을 조금 더 깊이 느낄 수 있다면, 그것으로 충분하다. 한 사람이라도 그것을 느낄 수 있다면, 부족한 번역을 세상에 내놓을 수밖에 없는 옮긴이의 이 부끄러움이 무의미하지 않게 될 것이다.

문재상 안드레아

서장
가상칠언과 칠성사

주님께서는 지상에서의 삶뿐만 아니라, 죽음 역시 우리에게 선사하셨다. 그토록 큰 의미를 두셨으며, 당신 실존의 결정적인 순간이라 항상 언급하셨던 그 죽음까지도 우리에게 선물로 주신 것이다. 그분께서는 그 시간이 언제일지 미리 알기 원하지 않으셨다. 고통스럽게 죽어 가면서, 그 순간을 성부의 손에서 있는 그대로의 것으로 받아들이길 원하셨다. 오늘날 우리가 교회 안의 그리스도인으로서 주님 삶의 행적을 읽을 때, 그 삶의 마지막 순간에서 그리스도교의 가르침이 더욱 함축된 풍요로움을 얻는다고 확언할 수 있을 것이다. 외적인 사건들은 수난을 향해 가고 있다. 기술된 것 가운데 수난과 연결되지 않은 것은 아무것도 없으며, 모든 것이 언제나 필연적이고도 최종적으로 수난을 가리키고 있다. 복음이 어디에서부터 이런 식으로 십자가의 말씀을 시작하고 있는지 말할 수는 없으리라. 그저 십자가에 가까이 다가갈수록, 그 십자가가 점점 더 모든 것의 중심이요 참된 의미라는 것을 알게 될 뿐이다. 하지만 같은 십자가의 빛이 다시금 당신 삶의 모든 말씀과 행적 위로 떨어진다. 그 모든 것은 십자가 안에서 비로소 의미를 갖게 되고, 십자가 안에서 해석되어야 한다. 말씀과 행적은 나름대로 십자가를 가리키고 있으며, 그 십자가를 신앙 안에서 이해하기 위해, 우리는 주님의 말씀과 행적에 의지해야 한다.

주님께서 십자가에 못 박히시던 중에 친히 말씀하신, 그리하여 아주 특별한 방식으로 가상언架上言이 된 총 일곱 개의 말씀이 있다. 이 가상칠언架上七言은 마치 구원의 고통에 대한 당신의 자기 해석, 혹은 그 수난의 직접적인 언어화言語化와도 같다. 또한 성자께서 인간이 되신 것이 이처럼 고통스럽게 죽어 가며 구원을 성취하기 위한 것이라면, 그 고통 속에서 터져 나오는 말씀 안에 그분 사명의 총체와 충만함이 담겨 있다는 것은 분명하다.

십자가에 매달린 성자의 상황, 강도와의 만남, 요한과 마리아와의 만남, 병사들과의 만남, 당신을 둘러싼 군중과의 만남, 당신을 떠나 버린 성부와의 만남이라는, 반복될 수 없는 단 한 번의 상황 속에서 터져 나온 이 말씀 하나하나가 역사적인 말씀이다. 하지만 이것이 십자가의 말씀이기 때문에, 이 말씀 안에 담긴 단 한 번의 충만함은 곧 다가올 전 교회 안으로 전해지는 가르침의 충만함이 된다. 다시는 반복될 수 없는 시간 속에서 단 한 번 유효했던 것이, 이제 모든 순간에 언제나 그 유효성을 간직하게 된다. 이는 죽어 가는 분께서 극도의 노력으로 내뱉은, 유언으로 주신 말씀이다. 겉으로는 주님께서 당신 곁에 있는 사람에게, 당신 아래에 있는 이들에게, 당신 위에 계신 성부께, 당신 스스로에게, 거의 무턱대고 모든 방향을 향해 말씀하신 것처럼 보인다. 하지만 이 모든 방향은 다가올 교회의 방향성이며, 종합적으로 하나의 단일성을 보여 준다. 삼위일체이신 하느님과 마리아와 요한 그리고 죄인들이 그분의 구원 의지를 통해, 그분 가르침의 진리 안에서 하나 되는 교회의 단일성 말이다. 아버지와 영이 고통받는 아드님과 함께 이 진리를 선사하시며, 어머니께서

티 없이 그 안에 어울리시고, 요한 사도는 그 뒤를 이어 마리아를 모셨으며, 강도는 진리를 향해 몸을 돌린다. 죄인들은 십자가에서의 이 살아 있는 가르침을 통해서 생명으로, 새로운 계약의 역사 속으로 들어오도록 마지막으로 부르심받았음을 경축하기 위해 거기에 서 있다. 그들은 그 계약을 통해 구원되기 위해 그 자리에 서 있다.

그것이 인간의 구원과 관계된 것이기에, 또한 교회가 구원된 사람들을 한데 모으기에, 주님께서는 교회를 당신 십자가 안으로 끌어들이실 수밖에 없었다. 그분의 관심은 가장 먼저 교회를 향해 있다. 그분께서는 당신께서 행하고 말씀하시고 고통받으신 그 모든 것을 통해 교회를 만드신다. 그러기에 역사적으로는 특정한 사람들을 향한 것이 분명한 십자가 위의 말씀이, 동시에 내적으로는 교회를 세우는 말씀이 될 수밖에 없는 것이다. 이 말씀은 교회에 특별한 십자가의 생명력과 함께 원칙, 은총, 선물, 지속적인 확실성을 갖는 형상을 보증한다. 이 말씀은 이러한 교회의 구성 요소로서 존재한다. 다시 말해, 이 말씀이 구세주의 십자가 삶을 내용으로 하며, 십자가로부터 공표되고, 십자가의 은총을 교회에 흘러들게 하면서도, 교회 구조 안에서 통합되어야 하는 일부가 된다는 뜻이다. 떼어 낼 수 없는 일치 안에서 본질적으로 이 말씀은 십자가 위에서 고통받는 하느님 말씀의 분출이며, 동시에 교회의 구조다. 왜냐하면 교회는 단순히 어떻게든 하느님의 뜻에 따라 움직이는 독립적인 지체가 아니기 때문이다. 교회는 인간이 되신 하느님이시며 특히 구세주라는 그분의 본질과 연결되어 있다. 교회는 어떻게도, 심지어 죽음 안에서도 그분과 떨어질 수 없을 정도로 밀접하게 연관된 그분의 업적이다. 주님의 말씀이 그분의 삶 안에서 하나라면, 그분께서 십자가에서 당신의 목숨을 교회에 선사하셨다면, 십자가 위에서 하신 말씀은 십자가에서부터 교회로 넘쳐흐르는 신적 은총의 생명이 흐르는 수로인 성사와 직접적인 연관성, 유사성을 띤다고 할 수 있다. 말씀이 교회의 구조에 속할 때, 그 말씀은 생명의 수로가 되며, 그 말씀이 주님의 삶으로부터 나오고 그 생명을 지닐 때, 말씀은 수로의 내용이 된다. 그 말씀은 주님의 지시로서 교회를 외적으로 동반할 뿐만 아니라, 교회를 본질적으로 드러내기도 한다. 마치 성사들이 하느님 말씀의 생명을 그 내용으로 하듯, 주님의 말씀은 성사적이요 생명을 지닌 말씀이다. 말씀과 생명이, 말씀과 성사가, 그리스도와 교회가 균열 없이 서로 뒤섞여 옮아간다. 우리는 주님께서 죽어 가며 못 박히신 십자가를 바라볼 수 있으며, 다른 사람이 아니라, 그분께서 친히 무엇을 말씀하시는지 들을 수 있다. 그 말씀은 구원의 말씀이며, 그 내용과 진실성이 그분의 교회를 이룬다. 그 연결점은 우리가 확고하게 발견하게 되는 단일성 안에서 나온다. 그리하여 우리는 그 단일성을 주님 수난의 결실로서 경배하듯 깨닫게 되는 것이다.

주님께서는 죽음의 순간에 성부의 때를 알아보신다. 죽음 안에서 사라져 버리실 수 없었고, 오히려 죽음 가운데서 무엇이 당신의 사명을 이루는지 알아보셔야 했다. 죽음의 순간에 직면하여 최고의 즉물성卽物性과 성부께 대한 지극한 순명 안에서 극도의 고통(하느님의 아드님이시며 세상의 구원자이신 당신을 위해 마련된 고통)을 받으시고, 이를 끝까지 겪어 내셔야 했다. 그분께서는 그 고통을 홀로 쓸쓸히 감내하길 원하지 않으신다. 성부와 함께 은밀히 감내하길 원하지 않으시고, 지나가 버릴 인간적인 위로나 조의 안에서 감내하길 원하지도 않으신다. 사람들 한가운데에서, 그 사람들을 위해, 당신께 가능한 최고의 희생(성부께서 바라시는 그 희생)을 실현하기를 원하신다. 그분의 고통은 열매를 가득 맺어야 하고, 그분께서 표현하실 수 있는 말씀으로 적절하게 드러나야 한다. 사람들은 자기 자신과 전 인류에 어떠한 영향력을 미치는지 짐작조차 할 수 없는 사건에 참여하지만, 이 사건은 결코 완전히 무지한 이들에게 일어날 수 없다. 이를테면 아무것도 이해하지 못한 채로, 그저 온전히 사효적인 opus operatum 측면에서 말이다. 그들은 신앙 안에서 가능한 많은 것을 받아들여야 하고, 깨우쳐야 한다. 그들은 인간으로서 [우리에게] 진지하게 받아들여져야 한다. 그들은 죽어 가시는 분조차 점점 더 이해할 수 없게 되는 이 사건을, (그 희생이 그분의 생명을 앗아 가는 정도이기에) 그분께 점점 더 버거워지는 이 사건을 바라보아야 한다. 그 시간은 점점 흘러가고, 끝없는 고통이 계속되며, 성자께서는 스스로 모든 것을 포기하고, 그 무엇도 이해하려 하지 않는다. 죽음이 다가올수록, 침묵은 더욱더 그분을 감싸 안는다. 그러나 그분께서 아직 말할 수 있는 한, 생명의 말씀이 그분에게서 흘러나온다. 알아들을 수 있고, 이해할 수 있고, 의미를 열어 주는 말씀이, 그로부터 가시적 교회와 그 성사의 구조가 형성되는 말씀이 말이다. 이 말씀은 현재, 그 순간의 말씀이지만, 동시에 본질적으로 미래의 말씀이다. 교회라는 기념비에 깊이 새겨져 지속될 말씀, 하느님의 영원성으로 채워진 말씀, 그 생명력의 원천을 온전히 하느님 안에 두는, 그리하여 오늘에 이르기까지 모든 미래를 향해 그 생명력을 드러낼 수 있는 말씀이다. 그 말씀이 단 한 번 표현된 십자가로 소급되면서도, 동시에 하느님의 영원성으로 소급된다는 이중적 의미 안에서, 그리고 그 분리될 수 없는 십자가와 영원성으로부터 그리스도의 은총은 교회로 넘쳐흐른다. 이처럼 성사의 가치는 이 말씀 속에서 모든 신앙인에게 가시적인 것이 된다. 모두에게 성사는 매 순간 그리스도교적 삶의 필요에 적절한 하느님의 은총이 함께하는 것이다. 구원의 완전성이나 일회성을 해치거나 없애지 않으며, 오히려 주님의 십자가와 그로 인해 드러난 성령과 함께 계시는 성부의 자비를 믿는 이들과 직접적으로 연결하는 것이 바로 성사다. 성사는 죽음 속에서도 약해지지 않고 지속되는 성자의 사명과 관계되어 있으며, 그 사명을 전달한다. 성사는 하느님의 독생 성자께서 우리 가운데 사셨던 참인간이심을 증거한다. 생기 있고 열매를 맺으며, 항상 새로워지고 유효한 증거로서, 그 원초적 힘을 잃지 않으면서 말이다. 시간의 흐름에 따라서, 우리의 무관심 때문에, 혹은 일시적으로 부족한 모습을 보이는 교회의 나약함으로 인해 그 증거의 힘이 약해지는 일은 없을 것이다.

차례

머리말 5

옮긴이의 말 7

서장 9

1장 "아버지, 저들을 용서해 주십시오.
저들은 자기들이 무슨 일을 하는지 모릅니다."
고해성사 21

2장 "너는 오늘 나와 함께 낙원에 있을 것이다."
병자성사 33

3장 "여인이시여, 이 사람이 어머니의 아들입니다.
이분이 네 어머니시다."
혼인성사 45

4장   "저의 하느님, 저의 하느님,

　　　　어찌하여 저를 버리셨습니까?"

　　　　성품성사 　57

5장   "목마르다."

　　　　성체성사 　69

6장   "이제 다 이루었다."

　　　　세례성사 　81

7장   "아버지, 제 영을 아버지 손에 맡깁니다."

　　　　견진성사 　95

　　　　아드리엔 폰 슈파이어의 생애와 영성 　105

1장

> "아버지, 저들을 용서해 주십시오.
> 저들은 자기들이
> 무슨 일을 하는지 모릅니다."

고해성사

인간은 자신이 무슨 일을 하는지 알지 못한다. 하느님을 망각하고 자신만을 생각하는 이 죄인들이 용서받기를 바라며 성자께서는 십자가에 달리신다. 자신의 죄악조차 온전히 바라보지 못하는 이 죄인들을 위한 희생이자 간청이 바로 주님의 십자가다.

주님의 이 첫 말씀에 당신의 사명 전체가 담겨 있다. 죄인들의 용서를 성부께 얻기 위해 그분께서는 십자가에 달리신다. 구세주이시며 스스로 말씀이신 그분께서, 이 짧은 문장 안에 표현된 말씀을 통해 인간을 성부와 연결하신다. 그분께서는 수난의 초입, 즉 올리브산에서 이렇게 말씀하신 것이 아니라, 당신의 십자가가 다른 두 십자가 사이에 세워지고 고난의 길에 도달한 지금, 십자가가 효력을 발휘하는 바로 지금 그렇게 말씀하신다. 여기서 그분께 행함이란 고통받음을 말하며, 강함이란 무력함을 뜻한다. 성자께서는 성부를 부르신다. 그분께서는 여전히 성부의 현존을 알고 계시며, 그 말씀과 부르짖음을 통해 개입해야 한다는 당신의 사명을 이미 알고 계신다. 물론 이는 결코 당신께서 이미 완수하신 일을 뜻하는 것이 아니다. 그분께서 입 밖으로 내신 것은 부탁이었다. 그 부탁 안에서 드러나는 것은 어떠한 생각이나 견해가 아니라, 33년 동안의 지상 삶을 통해 알게 되신 온전한 깨달음이다. 그분께서는 사람들 가운데 사셨고, 그들과 일상을 나누셨다. 그러면서 그들이 어떠한지를 분명히 아셨다. 하지만 동시에 그 모든 시간 동안 당신 가슴속에 품으셨던 사랑 안에서 인간을 바라볼 기회를 가질 수 있었고 그 사랑 안에서 그들의 가치를 바라볼 기회를 가질 수 있었다. 그분께서는 인간이 어떠한지 알고 계셨다. 사람들은 그분과 같지 않다. 인간은 오직 하느님의 자비로 전해지는 도움과 격려를 끊임없이 필요로 하며, 하느님의 관대함 없이는 멸망할 존재다. 스스로 이 자비를 구할 만큼 강하지 않고, 그 자비의 필요성을 바라볼 수 있을 만큼 현명하지도 않다. 인간은 하느님을 잊어버린다. 자기와 함께 사셨던 성자를 잊어버린다. 그들이 잊지 않는 것은 오직 자기 자신뿐이다. 하지만 자신을 바라보는 모습은 죄로 인해 일그러진 상이다. 진실에 입각해서 자기 자신을 바라볼 힘을 그들은 잃어버렸다. 그리고 이러한 상황 속에서도 인간은 계속해서 무언가를 행한다. 의지도 없이, 아는 것도, 책임도 없이, 그 앎과 행동이 정돈되어 일치하지 않은 채로 말이다. 그들은 성부 앞에서, 성자의 뜻과 반대되는, 그저 그들이 하고 싶은 것을, 그들이 지나칠 수 없는 일을 한다. 성자께서는 그들이 모든 책임을 짊어질 수 없다는 것을 알고 계시기에 결론을 내리신다. 당신 스스로 그 책임을 짊어지시기로 말이다. 책임을 지신다는 것은 인간을 그대로 내버려 두신다는 뜻이 아니라, 오히려 성부께, 그분의 용서에 넘겨 드린다는 말이다. 인간이 용서받기를 바라며 성자께서 십자가에서 드리는 첫 번째 기도는 성부께로 향한다.

이는 성자께서 인류를 대신하여 드린 위대한 고백이다. 그분께서는 모든 책임을 넘겨받으신다. 다시 말해서 모든 죄과를 짊어지신다. 당신께서 인간을 용서하시고, 그들의 죄악을 성부 앞에서 감추시기에, 그분께 그 죄가 스스로 선명하게 드러난다. 인간이 실제로 무엇을 했는지, 성부께 감춰질 수는 없다. 그러나 그분께서는 그 결과를 인간의 죄악으로 보시는 것이 아니라, 성자의 고통으로 바라보신다. 물론 성부께서 이 고통에서 죄악의 크기를 아실 수 있다. 심지어 수난의 각 단계에서 하나하나의 죄가 낱낱이 드러난다. 하지만 그 죄가 명백하게 드러날 때, 당신의 뜻에 따라 인간을 용서하고, 그 죄를 씻어 주기 위해서는 고통과 함께하는 길밖에 없었음이 분명해진다. 바로 그 안에 성자의 고백이 존재한다.

성부께서 성자의 고통을 바라보시고, 성자께서 인류 죄악의 책임을 끌어안으시는 것으로는 충분하지 않았다. 성자께서는 성부께서 인간을 무죄한 상태로 받아들이시기를 원하셨다. 그리하여 당신의 십자가가 인간에게 성사적 은총을 선사하는 교회의 고해성사 안으로 연장되고 형태를 갖춤으로써, 무죄 선언이 주어지게 된다. 성부 앞에서 그 죄를 짊어지심으로써 인류를 무죄하게 만드신 성자의 고백에 참여하는 성사. 주님께서는 부활의 날에 이 성사를 최종적으로 베풀어 주실 것이다. 하지만 성자께서는 마치 인간이 책임 있는 행동을 해야만 용서할 수 있다는 듯 여기면서 용서를 미루길 원하지 않으신다. 그래서 십자가에서 모두를 짊어지시기 위해, 그들의 죄와 책임을 동시에 떠맡으신다. 그리고 이후의 성사 안에서 그 책임 일부를 사람들에게 돌려주실 때, 이미 선포된 십자가의 은총을 통해서 그 일을 행하신다. 우리가 하느님 앞에서 죄인이라고 고백할 수 있다는 것은 십자가의 은총이다. 그래서 성자께서는 십자가에서 죄인들을 일컬어, 그 책임을 물을 수 없을 만큼 알지 못하는 이들이라고, 판결문을 도무지 이해하지 못하기에 심판이 힘을 쓰지 못할 만큼 무지한 이들이라고 말씀하시는 것이다. 그들은 그 죄의 무게를 모르며, 자기들이 무엇을 하는지 결코 알지 못한다.

  이 말씀 안에서 성자께서는 구원의 문을 열어 주신다. 물론 당신의 십자가가 구원이다. 하지만 성부께서 친히 용서해 주기를 바라신다. 성자께서 하늘과 땅 사이에서 두 팔을 벌리고 매달려 계신다. 어떠한 축복의 몸짓도 할 수 없이, 무언가를 만질 수도 없이, 그래도 여전히 누군가를 인도할 수 있도록 양팔을 벌리고서 말이다. 두 손은 새로운 길, 새로운 방향, 새로운 은총을 보여 주고, 세상을 넘어 열리는 수평선 위에 놓여 있다. 이 수평선이 결정적으로 하늘과 땅을 하나로 묶어 주는 결합이 되며, 다른 모든 것은 이를 위한 기초가 된다. 이렇게 십자가에서의 첫 말씀은 구세주로서의 사명 한가운데에서 나온 말씀이다. 이는 고문당했음에도 자기를 고문한 사람들을 위해 기도하는, 선량한 마음씨를 가진 한 인간의 개인적인 청이 아니다. 세상의 구원자께서 최고의 사랑을 보여 주기 위해 당신의 인격을 끝까지 바치는, 구원 사명의 충만함 속에서 드린 간청이다. 그분께서는 사명 안에서 단 한 순간도 독단적으로 먼저 가지 않으신다. 그리고 지금 오래전부터 성부께서 마련해 두셨던 시간의 비밀을 경험하신다. 괴로움이 닥쳐오고, 그분께서는 그 잔을 마셔야만 한다. 하지만 그 잔, 그 맛을 통해 성부의 현존을 알아차리시며, 그 가운데 죄인의 현존을 잊지 않으신다. 성부와 죄인, 그 둘의 만남은 가장 거대한 죄악의 표지 안에서, 성부께서 인간을 향해 보내신 성자께 대한 배척과 경멸 안에서 일어난다. 하지만 이 죄야말로 성부께서 용서하시는 계기가 된다. 성부께서는 지금 이 순간 성자께 자행된 일이 아버지다운 용서를 요구하고, 요청하고 있다는 사실을, 성자를 향한 사랑 안에서 아셔야 했다. 왜냐하면 성부께 대한 사랑의 순명 안에서 성자께서 행하셨던 일의 절정이자, 스스로 짊어지셨던 일의 절정은 오직 이 용서뿐이기 때문이다.

성부께서 성자를 파견하는 책임을 짊어지셨기에, 그 파견과 연결되어 계시며, 그 연결은 성자의 십자가 위에서의 간청 안에서 거의 구속拘束처럼 되었다. 성자께서는 그처럼 오래도록, 성부께서 마침내 성자의 뜻을 받아들이실 수밖에 없을 때까지, 성부의 뜻을 행하셨다. 성자께서 행하신 일의 마지막 순간에 성부의 활동이 드러난다. 성부께서는 용서하시면서 성자의 사명 속으로 향하신다. 당신께 도달한 성자의 간청 안에서, 이제 성부께서는 **당신의 말씀이신 성자**의 말씀을 넘겨받으시고, 그에 따르신다. 성부께서는 죄인들을 진정으로 용서하신다. 성자의 간청은 십자가 사건까지, 여전히 자행되는 인간의 죄까지도 덮어 버리신다. 성자의 뜻과 맞지 않는 몇몇 사건이 여전히 남아 있으며, 이는 성자의 뜻을 따르지 않기에 성부의 뜻을 거부하는 일이기도 하다. 따라서 성자의 간청은 성부의 용서와 연관되는 것이다.

그래서 이 말씀 안에는 인간을 위한 끝없는 약속이 놓여 있다. 그들은 자신의 죄를 알고 있다. 그렇지 않고서야 어떻게 고해성사를 보겠는가? 사람들은 성사적 은총을 청하기 위하여 자기 자신과 자기의 죄에 대해 말하려 시도해야 할 것이다. 그러나 성부를 향한 성자의 말씀이 인간을 떠받치지 않는다면, 올바른 것, 요구되는 것, 필요한 것, 진실한 것, 더 낫게 만드는 것을 당신께로부터 행하시기 위하여 성자께서 고해성사 때마다 함께하지 않으신다면 인간의 자기 진술은 중요하지도 않으며 대부분 온전한 진실이 아니리라. 그분께서는 친히 은총을 간구하는 분이시며, 스스로 진리이시기에, 죄의 고백과 참회가 진실한 것이 되도록 그 안으로 은총을 흘려보내 주신다. 그분께서는 길이시며, 십자가 위에서 모든 길이 교차해 만난다. 또한 그분께서는 진리이기도, 생명이기도 하다. 그리고 그 셋, 길, 진리, 생명은 하나다. 왜냐하면 성자께서 성부의 말씀이시기 때문이다.

어느 고해자가 고해성사를 보기 전, 깊은 참회 속에서 십자가를 바라본다면, 그는 알게 될 것이다. 자신의 죄 위로 자신을 덮쳐 오는 혐오에도 불구하고, 모든 것을 알고 고백할 수 없다는 다가오는 두려움에도 불구하고, 확실하게 주님께서 도우신다는 것을, 성자께서 고통 안에서 그 고해자를 변호하심으로써, 성부로부터 직접 그 도움이 효력을 발휘하도록 만들어 주시리라는 것을 말이다. 성자께서는 당신의 수난 전체를 통해, 고해자가 온전한 신뢰 안에서 이 성사의 길을 걸어갈 수 있도록, 또한 자신에게 완전한 의미를 지닌 십자가를 감히 바라볼 수 있도록 하신다. 이 말씀 안에 담긴 것이 여전히 남아 있다. 당신의 십자가에 참여하라고 모든 죄인을 향해 말씀하시는 성자의 초대가 바로 그것이다. 성부께 부탁하는 말씀을 통해 그분께서는 죄인들에게 그 길을 열어 주신다. 그 모든 앎이 이제 십자가 안에 놓여 있으며, 죄인들에게서 그것을 빼앗을 수는 없다. 그 앎은 애초에 죄인들에게 있지 않았기 때문이다. 성부께서는 용서하시리라. 그분께서 성자의 청을 들어주시기에, 성자의 사명이 충만하게 이루어졌다는 사실만이 그분께 중요하기에 말이다.

2장

"너는 오늘 나와 함께 낙원에 있을 것이다."

병자성사

강도가 강제로 끌려올 수밖에 없었던 그 시간을 향해, 성자께서는 기꺼이 나아가셨다. 그리고 그 강도에게 하늘나라를 열어 주셨다. 성부의 하늘이자 당신의 하늘, 성령의 하늘을 열어 주셨다. 하늘나라란 인간의 공로 때문이 아니라, 그분께서 인간을 사랑하시기에, 그분의 주도권 안에서 인간에게 무상으로 주어지는 선물인지도 모른다.

주님께서는 십자가에 함께 매달린 어느 죄수에게 말씀하신다. 자기가 지은 죄에 대한 벌을 받는 죄수에게, 당신께서 세상에 오셨던 이유인, 바로 그 사람에게 말이다. 처벌은 이미 시작되었고, 그 죄인에게 처벌 이외에 기대할 만한 것은 없다. 마지막 순간이 다가왔다. 하지만 이제 그의 마지막 순간은 주님의 마지막 순간과 하나가 된다. 그 죄수는 이 하나 됨의 은총을 위해 어떤 것도 기여하지 않았으며, 이 마지막 순간의 만남이라는 은총은 주님에게서 오는 것이다. 그 죄수가 강제로 끌려올 수밖에 없었던 그 시간을 향해서, 주님께서는 자발적으로 나아가셨다. 주님으로부터 그분 현존의 은총뿐만 아니라, 그 죄수에게 하늘 문이 열리리라고 했던 말씀의 성사적 은총이 흘러나온다. 주님께서 열어 주신 이 하늘은 당신의 하늘, 성부의 하늘이자 성령의 하늘이다. 어떤 법적 권리도 불의한 이들에게 하늘나라로 가는 문을 열어 줄 수 없으며, 설사 그들이 하늘나라를 믿는다고 해도, 하늘나라가 정의로운 이들에게 주어지리라고 보기에, 이 하늘은 불의한 이들이 근본적으로 거의 아는 바가 없는 거처다. 하늘나라는 하느님의 세계, 하느님 성인들의 세계이며, 죄인들은 결코 볼 수 없는 세계다. 십자가에 매달린 그 강도는 이제껏 현세의 일에 온전히 몰두했으며, 죄와 불의, 하느님 뜻에 대한 거부로 이 세상을 채워 왔다. 이제 그 끝이 왔다. 자기가 저지른 일에 대한 올바른 보상으로 보이는, 이 고통 속에서의 죽음이 그 종결일 수도 있다. 그러나 그 죽음은 처음으로 다가오는 하느님의 정의로운 벌의 시작일 수도 있다. 자신을 거슬러 증언하고 자신을 처벌하도록 요청하는 것들이 축적된 전부를 죄인 스스로 발견하게 되는 곳, 그 끔찍한 세계로 들어가는 입구일 수도 있다.

이 속으로 주님의 약속이 들려온다. 이 약속은 이전에 있었던 모든 것을 지워 버린다. 그 순간만이 아니라, 다가올 영원에 이르기까지 모든 것을 지워 버리는 것이다. 이 지워 버림은 있었던 것을 없는 것으로 만드는 부정일 뿐만 아니라 끝없는 긍정이기도 하다. 주님으로부터 그 성사적 힘이 나오기에 일순간에 영원한 생명의 성사가 되는 죽음의 성사이자, 주님의 완전한 선물인 이 성사는 마치 두 번째 세례와 같이 작용한다. 이 두 번째 세례는 바로 병자성사다. 만일 인간이 무죄한 순결함 속에 머물렀더라면 세례성사가 차지했을 바로 그 자리를 병자성사가 받아들인다. 이는 다시 한번, 순수한 선물이다. 이 성사는 순결함과 은총을, 그리고 하늘에서 성부와 성령을 새롭게 만나시기 위해 이제 저 끝없는 순결함 속에서 죽어 가시는 주님의 세상을, 쉽게 접근하기 어려운 그분의 세상을 영원히 선사한다. 성자께서 이 순간 필요로 하시는 하늘이라는 개념은 결코 좁은 의미에서 이해되는 것이 아니다. 그분께서는 이미 존재하는 죄인들을 위한 어느 특별한 하늘을 이야기하지 않으셨다. 죄인들이 오직 스스로 인정한 시공간적 제약 속에서 살 때, 하느님께서 친히 마련하셨거나 죄의 귀결로 만들어졌다고 생각하는 그들의 과거에 적합한 특별한 조건들을 뜻하는 그런 하늘을 의미한 것이 아니다. 어떤 것도 사실이 아니며, 이는 오히려 인간적인 척도가 없는 세상, 곧 헤아리기 어려운 하느님의 무한하심이라 할 수 있다. 감히 무언가를 헤아려 보려 한들, 그 결과는 바로 영원, 무한, 광대함일 것이다.

그러나 이 무한함은 광채가 없거나 공허한 것이 아니다. 이 순간 숨을 거두시는 성자께서 죽어 가는 강도와 함께 그곳에 머무르시려 하기에, 그 무한함은 반짝이는 빛깔을 지니게 된다. 이 함께 있음이, 주님께서 선사하시는 은총의 일치가 중요한 것이다. 이는 지고의 고통 속에서 발설된, 무조건적인 말씀이다. "가서 가진 것을 팔아 가난한 이들에게 주어라. …… 그리고 와서 나를 따라라."(마르 10,21)라고 부자 청년에게 말씀하신 것을 떠올리게 만드는, 과하거나 지나친 말씀인지도 모른다. 그 죄수는 모든 것을 빼앗겼다. 그는 벌거벗은 채 스러져 가는, 더 이상의 의미도 가치도 없는 삶을 가지고 십자가에 달려 있다. 이 극도의 가난 속으로 절대적이고 즉각적인 약속이 들어온다. 오늘! 그리고 다가올 약속이라는 말에 담긴 과도함을 주님께서 직접 짊어지시고, 행하시며, 선사하신다. 당신의 십자가와 고통 한가운데가 바로 이를 위한 공간이다. 물론 그는 부자 청년이 아니라, 강도다. 더 이상 "네가 완전한 사람이 되려거든"(마태 19,21)이 아니라, 하느님의 완전함이다. 그를 위해 고통받으실 정도로 그 강도 안으로 깊이 들어가시는 그분의 완전한 대속이다. 게다가 그 죄인은 더 이상 자신의 무의미한 지상에서의 삶을 그분께 내어 드리지도 못한다. 이미 끝이다. 하지만 대신에 주님께서는 하늘의 완전한 삶을 그에게 선사하신다.

만일 그 죄인이 '이제 제게 뭐가 더 있겠습니까, 주님? 제가 무엇을 더 할 수 있겠습니까?'라고 물으며 대화를 시작하길 바란다면, 그렇게 자기가 쌓아 올린 엄청난 죄악에 상응하는 보잘것없는 공로라도 모으려 한다면, 주님께서는 그에게 여전히 같은 말로 대꾸하실 것이다.

"너는 오늘 나와 함께 낙원에 있을 것이다."(루카 23,43)

오늘, 이 죽음의 날은 사실 생명의 날이다. 그리고 주님과 함께 있다는 말은 그 순간 주님의 것이라 할 수 있는 그분의 고통, 그분의 생명, 계속해서 성취될 그분의 약속만이 유효하며, 그것과 함께 있다는 뜻이다. 주님께서 이 모든 것을 그에게 선사하시고, 나누어 주시며, 그의 손에 놓아주신다. 주님의 십자가 희생은 그분께서 사명을 그 강도에게 맡기실 만큼 멀리 나가는 것이다. 하지만 그 죄인 스스로 주님께서 넘겨주신 사업을 계속해서 진행해 나가는 식이 아니라, 주님께서 완성시키시는 역사에 온전히 참여하는 식으로 말이다.

이제 이 약속의 말씀이 어떻게 당신의 부족하고 불완전한 교회(당신께 신앙을 고백하는 사람이라면 누구나, 크고 작은 죄인들과 평범한 죄인까지 모두 받아들이시는 교회)에 내어 주신 최후의 성사가 되는지 드러난다. 이 결과를 고려하면 주님께서는 패배하신 것이 아니며, 곤경에 처하신 것도 아니다. 그분을 거부하는 그리스도인들에 대해 온전한 주도권을 가지고 계심이, 영원한 은총 속에서 그들과 그 각각의 지체 안에서 활동하실 수 있음이, 또한 미리 정하신 모든 생명을 당신의 나라에 받아들이실 수 있음이 이 말씀 안에서 드러난다. 그분께서는 그 강도를 알아보신다. 당신께서 그를 위해 고통받으셨음을, 그를 위해 천국 문을 열어 주셨음을 아신다. 이미 오래전부터 그를 알았다. 그분께서는 그와 말씀을 나누신다. 그 역시 당신을 알고 있다고, 교회는 구원자인 주님의 목소리를 알고 있다고, 그 성사 안에 어떤 선물이 담겨 있는지 알아차린다고, 그리고 교회는 (그것이 지상으로 하늘이 급작스레 내려오는 시작이기에) 자신을 까마득히 능가하는 무언가를 관리한다는 사실을 알고 있다고 말한다.

그 강도는 이제 숨을 거둘 수 있다. 그는 주님 사명의 결실을 최종적으로 갖게 되었다. 주님께서는 그와 함께 성부, 성령을 만나 심판으로 나아가시며, 하늘나라에 이르실 것이다. 그 강도가 해야 할 일이라고는 오직 그를 위한, 그러나 동시에 모든 이를 위한 그분의 말씀에 매달리는 것뿐이다. 그 자체로 지탱되며 자기 스스로 풍성함을 지니는 바로 그 말씀에 매달리는 것뿐이다. 이에 따라 이제까지의 모든 의로움과 불의에 대한 개념이 전적으로 불충분하다는 것이 입증된다. 그래도 여전히 꼭 필요한 한 가지가 있다. 바로 주님과의 만남이다. 진정 살아 있는 만남으로서의 그분과의 만남은 인간에게 믿음, 희망, 사랑의 대상이 될 수 있는 것 모두를 포함한다. 그 강도는 마지막 순간에 일하러 온 일꾼에 속하지만, 마치 처음에 온 사람처럼 받아들여질 것이다. 왜냐하면 주님께서 그를 데려가시기 때문이며, 그 만남이 이제 동행이 되었기 때문이다. 주님의 치욕이 들어 높여지는 십자가 위에서의 만남(강도와 함께 그분께서 죄인으로 선고되신), 이 최후의 굴욕은 굴욕당하는 것의 결실이 무엇인지 즉시 보여 준다. 그 결실은 충만한 생명이다. 그 결실은 곧 다시금 다른 이를 붙잡고, 그로써 자신이 **그분 안에서** 열매를 맺는다는 것을 입증한다.

실재적으로 이 성사는 (보다 정확히 말하자면 모든 성사가) 지상에 존재하는 하늘의 열매다. 하지만 주님께서 십자가 위에서 하신 말씀처럼 선명하고 아주 가깝게 들리는 말씀 안에서 그 열매를 선사하시면, 그 생명력은 즉시 무한하게 된다. 그 생명력은 완전히 실재적인 것이며, 교회 안에서 이 실재성은 지속된다. 사제가 병자성사를 베풀 때, 사제가 교회의 기도문 안에 담긴 그 약속을 말할 때, 사제가 주님을 대신해 십자가에 매달린 분께서 내뱉으셨던 바로 그 말씀을 다시 한번 말할 때, 그는(죽어 가는 이 역시 마찬가지로) 알게 될 것이다. 모든 은총이 성취되었음을 말이다. 인간 안에 그 성사적 은총으로 가득 채워지지 않은 부분은 없을 것이다. 은총은 모든 것을 빼앗고, 모든 것 안으로 파고드는 힘이 있으며, 이로써 십자가의 약속이 실현된다. '만약'이나 '하지만'은 없다. 조건이나 망설임도 없다. 십자가의 오늘은 하늘나라의 오늘로 이르게 되는 것이다.

3장

"여인이시여,
이 사람이 어머니의 아들입니다.
이분이 네 어머니시다."

혼인성사

주님의 말씀을 통해 마리아와 요한 사도 두 사람의 관계는 전혀 새로운 (성사적) 차원으로 넘어가게 된다. 관계의 자연적 차원에서 성사적-영적 차원으로의 전이는 그분의 말씀을 통해 이루어진다. 혼인 관계 역시 그분의 약속 안에서 새로운 차원으로 도약하게 된다.

주님께서 십자가에서 하신 말씀은 삶의 절정의 순간에서 흘러나온 것이며, 그분의 마지막 유산을 담고 있기에 모든 최종적인 것을 자기 안에 간직한다. 이는 십자가 위에서 겪으신, 그 위에서 성취하신 고통의 유산이다. 하지만 이를 단지 세 시간 동안 일어난 (가장 고통스러운) 사건으로 본다면, 이 고통은 이해될 수 없다. 주님께서는 바로 이 고통을 위해 이제껏 살아오셨다. 그 고통의 그림자가 그분께서 계획하시고 원하셨던 모든 것, 그리고 그분의 전 존재 위로 드리운다. 그 고통이 그토록 생명력을 지니기에, 교회가 된다. 주님의 수난은 여인의 산고와 같으며, 교회의 모든 다채로운 형태는 이렇듯 고통 속에서 탄생하는 아기와 같을 것이다.

지금, 이 순간의 말씀을 통해 성자께서는 어머니에게 간청하신다. 물론 어머니가 천사에게 '예'라고 응답하셨기에 성자의 이 말씀이 있을 수 있었다. 하지만 그분의 말씀이 모든 시간을 넘어서 있기에, 또한 주님께서 그 십자가 위의 말씀을 위해 모든 삶을 사셨고, 애초에 그 말씀을 위해 인간이 되기를 원하셨기에, 어머니의 '예'라는 응답은 결국 십자가를 향한 대답의 의미를 지니고 있다. 마리아는 이제 전적으로 어머니가 된다. 성자의 고통으로 인해 어머니로서의 직분을 새로이 받게 되시어, 주님께서는 이제 마리아를 단순히 "여인이시여."라고 부르신다. 마치 신부가 신랑의 말에 따르는 것처럼 마리아는 성자의 말씀과 뜻을 받아들일 수밖에 없었다.

하지만 주님께서는 그 말씀을 통해 마리아에게 가장 사랑하는 제자, 요한을 주셨다. 요한은 어머니와 아드님 사이에, 갑자기 십자가의 생명력 한가운데에 서 있다. 그리고 마리아와 요한이 함께하면서 십자가의 생명력이 어떻게 작용하는지 가시적으로 드러나기 시작한다. 하지만 가지는 나무에서 떨어지지 않으며, 그 작용은 오히려 '안으로', 즉 지금 여기, 어머니와 아들의 관계 안에서 드러난 교회의 본질 속으로 이끈다. 예수님의 자리에 요한 사도가 들어선다. 하지만 말했듯이, 마리아는 어떤 것도 대답할 필요가 없다. 성자께서 성부의 뜻을 행하시는 것과 같이, 마리아는 성자의 뜻을 받아들인다. 이는 마리아에게 결정적이다. 요한의 아들 됨은 영의 아들 됨이며, 사랑의, 주님 수난의 아들 됨이다. 이는 책임이 없는 아들 됨을 말하는 것이 아니다. 왜냐하면 주님께서는 즉시 요한에게 이렇게 말씀하시기 때문이다. "보라, 이 분이 네 어머니시다!" 이는 주님께 대한 각자의 순명 안에서, 또한 상호적 책임 안에서 이루어지는 온전한 관계다. 이 안에서 그분의 마지막 의도가 실현된다.

교회에 속하는 사람들은 어떠한 지위 속에서 살아간다. 교회는 혼인의 자연적 지위를 성사적으로 축성하고 구체화한다. 이를 통해 혼인의 우연적이고 일시적인 요인을 제거한다. 남자와 여자는 교회가 요구하는 것처럼, 유일무이하고 풀 수 없는 결합의 투명성과 영속성 안에서 사랑하는 사람으로, 교회 안에 서 있는 사람으로, 신앙에 순종하는 사람으로 살아야 한다. 만일 어떤 평범한 부부가 십자가 아래에 서 있다면, 주님께서 그들에게 십자가로부터 혼인적 축복을 내려 주신다면, 이 부부는 축복받지 못한 부부와 다르게 상상할 수 없는 방식으로 특별하게 될 것이다. 주님의 축복을 받는 이 부부는 영원하며, 세상의 모든 역사에 앞설 것이다. 이러한 부부는 순결하다. 그들이 서 있는 곳은 단일한 성사적 혼인 계약의 저편이며, 교회가 자신의 핵심 안에 스스로 순결한 신부로, 골고타의 고통의 신부로 있는 곳이다. 이 부부는 주님의 십자가 말씀으로부터 탄생한다. 마치 아담과 하와가 근원적 짝을 이뤘던 것과 같이, 그들은 주님의 말씀을 통해 근원적 한 쌍이 된다. 죽어 가는 성자를 통해 그 안에서 인간적 관계가 새롭게 형성된다.

이는 마치 어머니의 생애가 우리의 눈앞을 지나가는 것과 같다. 예수님을 독생자로 낳았던 어머니가 이제 새로운 아들을 얻으신다. 모든 이의 구세주이신 분께 지상의 삶을 선사했던 어머니는 아드님의 자리에 다른 사람을 받는다. 당신 독생자께서 원하셨기에, 겉으로 보기에는 임의의 누군가를, 죽어 가는 구세주 대신에 그분 곁에 서 있던 누군가를, 성자를 세상에 보여 줄 누군가를 말이다. 주님께서는 요한을 마리아의 생명력 한가운데로 연결하신다. 그 안에서 아들의 권한과 책임이 요한에게 자라나도록 말이다. 하지만 이렇게 대신한다는 것은 주님께서 함께하심을 말한다. 성자께서 요한 사도를 어머니와 신부를 향한 관계의 중심에 세우셨지만, 이는 주님의 사랑이 요한과 함께하는 식으로, 온전히 당신의 사랑으로부터 이 새로운 관계가 형성되는 방식으로 이루어진다. 어머니는 이에 대해 숙고한 것을 늘어놓거나, 생각을 표현한다거나, 그날의 당혹스러움을 드러낸다거나, 본래의 아들에 대한 편애를 표현하면서 권리를 주장하지 않으신다. 어머니는 그분 말씀에 순종한다. 성자의 뜻에 대해 자신의 모든 영적 결정권을 영원히 빼앗아 간, "예."라는 응답을 하셨기 때문이다. 그리고 요한을 아들로 받아들임으로써 마리아는 세상의 어머니가 된다. 이제 어머니는 성자께서 주시는 모든 사람을 받아들이는 것이다. 마리아의 모성은 다시금 더 높이 들어 올려진다. 마리아는 십자가로 인해 장차 교회 속으로 들어오고, 영원을 향해 나아가는 어머니가 될 것이다. 한때 당신의 태를 덮으셨던 성령께서, 이제 다른 방식으로 주님의 뜻에 따라 마리아에게 내려오신다. 마리아는 두 번 다시 태 안에 아이를 갖지 못하겠지만, 당신 아드님의 자녀들을, 그 사랑의 제자들을 아들로 받게 되신다.

아버지와 어머니를 가졌었지만, 주님을 위해 두 분 모두를 버렸던 요한은 이제 새로운 어머니를 갖게 되었다. 그리스도를 따를 수 있게 해 준 신앙으로, 또한 성자의 사랑으로 주어진 어머니이자, 이제 그분을 위해 서 있어야 할 어머니, 자기 벗의 어머니이자 하느님의 어머니를 말이다. 요한이 사랑했기에, 그리고 그의 사랑이 그리스도교적이고 결실을 낳는 사랑이기에, 그는 알고 있었다. 자기가 모든 이의 이름 속에서 **한 사람**을 의미하고 있음을. 요한이 특전特典의 형태로 이 특별한 지위를 갖기는 하지만, 이는 요한이 모든 믿는 이들에게 동등한 특전으로 가는 길을 열어 준다는 사실을 의미한다. 그는 무언가를 시작했고, 계속해서 확장될 것이다.

주님께서 묶어 주시고 축복하시어, 당신이 떠난 뒤에도 최후의 고독을 알지 못할 이 관계는 요한과 마리아라는 영적인 한 쌍에만 주어지는 것이 아니다. 그분께서는 그 자리에서 가시적 교회에 그 선물을 주신다. 즉, 십자가의 축복 속에서 동시에 혼인의 축복 역시 주어지는 것이다. 주님께서는 십자가에서 남자와 여자를 짝지으셨지만, 이는 먼저 교회의 머리이신 분께서 교회 자신을 향해 권위를 지니고 행하신, 교회적인 행위 안에서 이루어진 일이다. 이는 그분의 지체인 교회 안에서 가장 단단한 구속력을 갖게 되는, 주님의 내면으로부터 솟아나는 가장 자유로운 결정이다. 죽어 가는 이의 마지막 의사 표명인 유언보다 강한 결속은 없다. 교회를 형성하시고 정리하신 주님께서 권위를 가지고 좋게 보신 이것은, 곤경과 죽음의 위협에서 나온 결정이기도 하다.

성부 하느님께서 아담의 갈빗대에서 첫 번째 여인을 만드셨다. 이로써 그 첫 번째 부부 안에 일종의 불평등이 자리하게 되었고, 이 불평등은 이 순간 다시 떠오르고 있다. 하지만 다른 척도 안에서, 이 새로운 방향 전환 안에서는 먼저 어머니가 계셨다. 그녀는 성자의 작품이며, 구원 경륜 안에서 그분의 피조물이다. 성자께서는 이렇게 마리아를 어머니의 직무를 통해 먼저 구원하셨다. 마치 아담이 창조의 맏이였던 것과 같이, 마리아는 구원의 맏이가 된다. 성자의 사명 때문에 직접 그녀는 원죄 없이 잉태됨으로써 모양을 갖추셨다. 이 **원죄 없는 잉태**는 마리아로 인해 교회가 존재해야 하기 때문이며, 성자께서는 그런 계획이나 설계 없이 당신의 일을 시작하려 하지 않으셨다. 어머니는 신앙의 **사랑의 신의** 안에서 모든 생애 동안 성자를 향해 서 계심으로써, 그분의 계획에 일치하셨다. 그래서 성자께서는 이제 십자가에서 어머니에게 그 제자를 주심으로써 교회의 구조를 확정하실 수 있다. 그분께서는 자신과 어머니를 언제나 묶어 주었던 사랑으로 이를 행하신다. 요한은 바로 이 관계에서 나온다. 마치 아담의 갈빗대에서 하와가 나왔던 것처럼 말이다. 요한은 단순히 마리아를 향한 성자의 결정의 산물이 아니며, 그 역시 성자를 향한 어머니의 사랑에서 새로이 생겨나는 것이다. 마리아의 여성적이며 생명을 잉태하는 사랑에 대한 확증이, 성자께서 마리아에게 요한을 열매로 주셨다는 사실 안에 드러난다.

  이렇게 보면, 그리스도교적 혼인은 더 이상 임의의 만남이라는 독단적 횡포에 넘겨질 수 없다. 성령께로, 교회의 문자로 이 인간적 관계가 향하도록 정해져 있는 것이다. 교회가 혼인 관계 안에서의 선명성을 보여 줄수록, 인간의 사랑을 영원으로 향하게 할수록, 그 사랑에 교회 안에서 명확하게 윤곽을 그린 자리를 마련해 줄수록, 성자께서 이 성사적 혼인 규범을 세우신 교회는 마치 마리아와 같이 주님의 말씀을 곧이듣는다는 것을 보여 준다. 이는 순명의 자리이자 정의의 자리이며, 책무의 자리다. 하느님의 섭리가 다스리기에, 그 안에서 모든 관계가 선명하고 명백해지는 주님의 말씀이 현존하기에, 아무것도 우연에 맡겨 두지 않는 자리다. 남자와 여자의 관계는 교회의 영적 삶에 참여함으로써 고귀해지고 드높여진다. 그 생명력은 교회의 생명력으로 인해, 교회를 통해 주님과 그 말씀으로 향하는 순명의 힘으로 인해 살아갈 것이다. 하지만 이는 십자가의 말씀이다. 그리고 십자가에서 나온 것, 교회뿐만 아니라 모든 인간적 관계에 형태를 부여하는 것이 바로 이 말씀이다. 마리아와 요한을, 교회와 인간을, 남자와 여자를 하나로 결합하는 이 말씀은 하나 안에 있는 둘, 곧 은총과 외형이다.

4장

"저의 하느님, 저의 하느님,
어찌하여 저를 버리셨습니까?"

성품성사

주님께서 짊어지신 사명의 무게는 그분을 한계까지 밀어붙인다. 그리고 사제는 자신이 짊어지는 사명의 무게 안에서, 그 고통의 한복판에서 주님께서 마지막 순간에 던지신 물음의 의미를 깨닫게 된다. 하지만 그 사명의 무게를 견디셨기에 부활이 있었음을 안다는 것은, 우리에게 크나큰 희망이 될 것이다.

십자가에서 고통받으시는 분께서는 다른 모든 사람에게 도움을 주고 구원을 베풀기 위해, 모든 고통의 가능성을 지닌 채로 사람이 되기를 선택하시어 한 인간으로서 고난을 받으신다. 이는 그분 사명의 절정이다. 그분께서는 마지막에 뒤로 물러나 온전히 개인적인 죽음을 맞이하기 위해 이 절정을 십자가의 발치에서 물리치지 않으시며, 그 순간과 거리를 두지도 않으신다. 그리고 모든 죄인 곁에서 고통받으시지만, 이 고통은 사명으로부터(그 외연外延이 어느 평범한 인간이 감당할 고통의 크기를 넘어서는 사명으로부터) 기인하는 것이며 사명 안에서 일어나는 것이다. 그분께서는 사명을 성부께 받았으며, 모든 삶의 주도권을 건네 드림으로써 이 사명을 넘겨받게 되셨다. 그분께서는 성부께 대한 순명 안에서 삶을 사셨고, 무엇이 아버지의 것인지 세상에 알리며 사셨다. 그러나 동시에 인간적이고 자연적인 법칙에 몸을 굽히고, 그 법에 순응하는 한 사람의 인간으로서 사셨다. 그분의 사명은 영의 신적 사명이기도 하지만, 동시에 다른 인간 사이에 살고 일하셨던, 육신을 지닌 인간의 사명이기도 했다. 그분께서는 이 사명 안에 지상의 삶과 활동을 놓으셨다. 그분께서 소유하신 것, 받으신 것, 전달하신 것 모두 사명에 윤곽을, 형태를 부여한다. 바로 이를 위해 그 사명의 뜻이 마지막까지 이루어지는 것이다. 동시에 주님께서 십자가에서 하신 모든 말씀은 구체적이고 현세적인 계기를, 지상적 의미를 갖는다. 하지만 이는 완전히 하늘을 향하는 것이며, 하늘나라에서 온전히 이해될 수 있는 것이다. 강도와 주님의 대화 안에서 말씀이 지닌 다층성이 가장 분명하게 드러난다. 그분께서는 단순하고 현세적인 단어로 그 강도에게 하늘나라를 약속하신다. 그 하늘나라는 그분께서 강도에게 저세상에서 충만하게 채워 주실 무언가지만, 동시에 이는 막연히 언젠가가 아니라 오늘, 바로 지금이다. 그리하여 강도는 약속 안에서 그 성취를 받게 된다. 그 말씀은 하늘과 땅을 잇는다. 이는 영혼을 인도하는 말씀이다.

주님께서 십자가에 달려 계시는 동안, 당신의 지상 교회는 여전히 보이지 않는다. 그 윤곽을 알아볼 수 있을 때까지 시간이 흘러야만 할 것이다. 그러나 그분께서 십자가에서 하신 모든 말씀은 교회를 위해, 교회 안에서 그분 사명의 외연을 얻기 위해, 그리하여 성부의 뜻을 이루기 위해 하신 말씀이다. 그리고 이제 성자께서는 성부께로, 하지만 그분께서 성부께 드리는 말씀을 들어야 하는 모든 신앙인을 향해서도 몸을 돌리신다. 이는 더 이상 겟세마니에서 바치는 침묵 기도가 아니며, 광야에서 바치는 기나긴 기도가 아니다. 이는 짧은 절규이며, 탄식이나 고발처럼 울리는 질문이다. 더 이상 성자께서 인격적이고 신적인 관계 안에서 성부를 부르는 것이 아니다. 인간이, 피조물이 신을 부르는 것이다. 성자의 아버지께서 인간의 하느님이 되셨다. 아버지로서의 그분은 사라져 버렸다. 버려진 이가 부르는 하느님, 그분은 아버지로부터 버림받은 이에게 남겨진 것이다.

성자께서는 당신께서 버림받았음을 아셨다. 이는 착각이 아니라, 분명히 알고 있는 사실이다. 하지만 성자께서는 왜 버려졌는지 알지 못하신다. 아는 것이라고는 오직 자신의 질문에 답해 줄 수 있는 유일한 분이 하느님이라는 것뿐이다. 동시에 되어 가는 교회가 이 말씀을 받아들여야 한다는 것을, 그래야 교회 안에 열매를 맺게 되리라는 것을 알고 계셨다. 이는 성부의 과도한 요구에 더 이상 버틸 수 없다는 완결된 말씀이다. 더 이상 길이 없다. 길을 인도하는 섭리에 대해 아는 바도 없다. 그러나 여전히 남아 있는 것은 사명이다. (만약 그렇지 않았더라면 이 말씀이 그토록 크게 표현되지 않았으리라.) 무자비하고, 도저히 넘어설 수 없는 크기로 고통 속에서 갑자기 나타나는 사명이다. 이 순간 성부의 이끄심, 함께하심, 현존을 더 이상 느끼지 못할 정도로 성자를 몰아세운 것이 바로 그 사명이다. 그분께서 성부의 영원한 아들이라는 사실은 그 사명 안에서 더 이상 중요하지 않다. 지금 버려짐의 체험을 요청했던 그 사명이 성취되었다는 것이 중요하다. 성자께서는 버려지셔야만 했다. 당신을 떠나신 하느님을 아셔야 했다. 그러나 그 버려짐의 이유까지는 아니었다.

이 주님의 "어찌하여?"는 이렇게 모든 그리스도교 사명의 "어찌하여?"가 되고, 사제가 부르짖는 "왜?"가 된다. 사제가 하늘과 땅이라는 두 세상을 자신의 직무 안에서 더 이상 하나로 모으지 못할 때, 자신이 걸어갈 길을 더 이상 바라보지 못할 때, 세상의 죄가 너무나 막강하게, 더 이상 어떤 것도 유용하지 않을 정도로 강력하게 사제의 나약함을 만나, 그 나약함이 너무 커질 때, 그리고 자신의 의미 없고 무력하게 되어 버린 직무 말고는 아무것도 남아 있지 않을 때 부르짖게 되는 "왜?"가 되는 것이다. 자기가 한 모든 일이 헛되고, 서품을 받은 것 역시 무의미하고, 교회를 위해 모든 기력을 쏟은 것도 쓸모없으며, 삶에 애를 쓴 것, 의무를 다한 것

역시 헛되다. 아무 열매도 맺지 못했고, 더 오래 견뎌 내기에는 포기하고 싶은 마음이 너무 크다. 처음 몇 해 동안의 기쁨과 확신은 사라져 버렸다. 그러나 어둔 밤 속에 있는 십자가의 성 요한처럼 사제도 자신의 고독을 더 이상 공적으로 알릴 필요가 없다. 왜냐하면 십자가의 성자께서 그들을 대신해 이를 행하시기 때문이다. 그분께서는 단지 모든 죄악을 짊어지신 것뿐만 아니라, 그 죄에 대한 보속이나 당신을 따르는 이들의 고독까지도 짊어지신다. 성자의 절규는 예언이며, 선취다. 그분께서는 당신을 따르는 이들이 만나게 될 모든 것까지도 미리 짊어지신다. 당신께 진정으로 속한, 그리스도를 따르는 대담한 모험을 진심으로 수행하는, 희생의 마음을 가진, 그러나 갑작스레 공허 앞에 서게 된(그러나 이는 인간에 대한 사랑으로 무無를 선택했기 때문이다) 이들이 짊어질 바로 그것을 말이다. 왜냐하면 그들은 자기 자신을 위해 인간적인 안전을 찾거나 주님의 동행을 바라지 않았고, 오히려 있는 그대로의 주님의 뜻을 찾았기 때문이다. 그리고 이것이 그들을 원하지 않는 상황 속으로 몰아넣었다.

그러나 교회는 십자가의 말씀을 받아들인다. 그리고 이 말씀은 그분을 온전히 따르는 이들에게 교회와 주님의 이중적 활동을 통해 전달된다. 대답하지 않는 하늘을 향해, 공허 속으로 울리는 말씀이 퍼져 나간다. 아무런 대답도 없이, 말씀은 그저 번져 나간다. 이는 하느님과 그 피조물 사이에서, 하늘의 힘과 지상의 무력함 사이에서 생길 수 있는 가장 명백한 충돌이다. 이는 가장 날카로운 대비이며 연결점이라고는 없기에, 주님을 따르기로 마음먹은 이들은, 자기들이 그 자리에서(그 생명력이 가장 강한 바로 그 자리에서) 말씀 안에 놓였다는 것을 확신할 수 있다.

어찌하여 성부께서 성자를 부활시키셨는지 이 절규를 통해 이해할 수 있게 된다. 어찌하여 하느님께서 한 사람도 빠짐없이 당신을 찾는 이들의 간청에 귀 기울이는지 이해할 수 있게 된다. 그러나 그 절규는 우리의 모든 간청을 하나도 남김없이 깨끗하게 해 준다. 이 절규 이후에 우리의 간청은 더 이상 우리 자신을 향하지 않는다. 우리의 청은 하느님을 향하고, 그분 사명의 성취를 위해 간청하는 교회의 청이 되어야 하며, 십자가를 따르는 이의 청이 되어야 한다. 성부께서 응답하지 않으신다는 것 역시 얼마나 성자의 파견을 중요하게 여기시는지를 보여 준다. 그분께서는 그 사명을 이처럼 극단으로까지 이끄신다. 왜냐하면 이것이 전적으로 사명이기 때문이며, 신적 구원의 임무이기 때문이다. 성부께서는 성자께 지나친 요구를 하신다. 사랑 가득한 아버지께서 그분을 위해 모든 것을 다하고 죽어 가는 아드님께 어떠한 대답도 하지 않는 이 상황까지도 견뎌 낼 것을 요구하신다. 성부께서는 이렇게까지 하실 수 있다. 현존하시는 성자의 생명력 넘치는 은총 안에서 성부께서 선사하신 대답을 교회 안에 가지고 있을 만큼, 교회는 이미 살아 있기 때문이다.

성자께서 "어찌하여 저를 버리셨습니까?"(마태 27,46)라고 묻는 것은 온전히 고립무원의 고독이 당신 자신을 특징짓는다는 것을 말한다. 그분께서는 그저 버려진 사람일 뿐이다. 다른 어떤 수식어도 갖고 계시지 않는다. 하지만 두 번이나 소리쳐 불렀던 하느님과 마주하고 계신다. 가장 큰 사랑으로 성자의 이 고독을 허락하시는 순간에 당신께서 하느님이심을 가장 완전하게 드러내시는, 그 하느님과 말이다. 그리고 이번에는 성자 앞이 아니라 성자의 신부인 교회 앞에서 직접 마주한다. 성자의 말씀이 교회로 흘러들어 올 때, 모든 성사적 은총 안에서 열매를 맺으며 모양을 갖출 때, 이렇게 마지막 생명력의 표지는 성부께서 스스로 축복하신 말씀이 된다. 왜냐하면 성자께서는 십자가에서 내뱉으신 말씀 안으로 사라져 버리시고, 오직 성부께서 친히 주님의 신부를 알아보시고, 성자의 충만한 활동을 축복하시고, 교회에 당신의 생명력을 선사하시기 때문이다. 이렇게 성자에 의해 베풀어진 성사가 성부의 일이 되는 것이다.

5장

"목마르다."

성체성사

주님께서는 목마르시다. 그분께서는 육체적 목마름뿐만 아니라, 성부와 성령으로부터 버림받은 상실감에서 오는 목마름으로 더욱 처절하게 부르짖고 계신다. 빵과 포도주의 형상 안에서, 누군가에게 먹힐 수밖에 없는 모습을 지닌 채 버려져 계시는 그분은, 우리를 그 목마름의 잔치로 초대하고 계신다.

주님께서 말씀하신다.
"목마르다!"(요한 19,28)
들을 수 있을 정도로 그렇게 말씀하신다. 당신 자신에게,

또 다른 이들을 향해 말씀하신다. 이는 당신의 상황을 표현하시는 것이다. 고독과 목마름은 연결되어 있으며, 이 연결은 주님의 벌거벗은 모습을 가리킨다. 그분께서는 성부를 더 이상 느낄 수 없을 정도로 고독하셨고, 당신 사명의 현재성을 다소나마 잃어버리셨다. 희생의 기쁨을 잃어버리셨다. 기쁨의 시간은 이제 끝나 버렸다. 하느님께 버림받은 고독 속에서 십자가에 매달려 계셔야 하고, 잃어버렸던 것을 찾으셔야 한다. 성자께서 성령 안에서, 성부와의 일치 안에서 사실 때, 이는 결코 자기 자신을 찾지 않고, 언제나 성령과 성부를 향한다는 것을 의미한다. 자기 자신이 아니라 성령 안에서 성부와 함께 말씀하신다는 것을, 당신의 뜻이 아니라 성령 안에서 성부의 뜻을 행하신다는 것을 말한다. 성부의 현존, 성령의 현존은 분명하다. 그래서 성부와 성령께서 가까이 계심을 느끼고, 함께하고 있음을 느끼며 언제나 성부와 성령의 뜻을 바라보고, 그 뜻을 인도자로 삼고, 사랑 안에서 그 뜻에 복종하신다.

지금, 그분께서 고통받으실 수밖에 없는 이 순간, 성부와 성령이 그분께 뜻하는 바가 사라져 버리고, 그분께서 가지고 계시던 의미와 기쁨, 충만함 역시 그와 함께 무너져 내린다. 그분께서는 하느님 안에서 사셨고, 하느님 때문에 사셨다. 고독은 하느님으로 만드는 요소에서 그분을 끄집어내어 팽개쳐 버린다. 그래서 이제 목마름을 느끼신다. 육체적인 갈증, 더욱 심한 영적 갈증, 현존을 향한 목마름을 느끼신다. 그분께서 최후의 만찬 때 하셨던 말씀이 여기에서 훨씬 더 중대한 의미를 갖게 된다. 그분께서는 먹으라고 주어진 빵이며, 잔에 부어진 포도주시다. 빵과 포도주 안에서 당신 자신을 발견하기 위해서, 마치 스스로 원한 것처럼 찢겨져 계신다. 모든 이를 위한 성사 안에서의 현존, 교회 안에서의 명실상부한 하느님의 현존, 이는 절대적인 고독과 자기 자신에게 버려지는 체험, 성부와 성령께서 성자로부터 완전히 스스로를 감추실 때 버려짐을 느끼는 체험을 통해서 얻어지는 것이다. 만일 누군가가 자기 자신을 잃어버렸다고 말한다면, 이는 자기 삶의 습관이나, 일상의 모든 일들, 혹은 자기에게 친숙한 생각의 흐름을 잃었다는 것을 뜻한다. 그는 말하자면 정신적으로 어느 새로운 집(주위 세계와 자신을 되찾기 위해 모든 면에서 우선 제자리를 찾아야 하는 그런 집)으로 옮긴 것과 같다. 하지만 지상에서의 성자의 일상이란 기본적으로 성부를 바라보는 것이었다. 인간과 맺는 지상의 모든 관계가, 모든 대화가, 인간과의 모든 소통이 그 안에 있었다. 그리고 바로 그 인간이 그분을 배신하고, 결국 십자가에 못 박음으로써 거절했다. 그래도 성부께서 함께 계셨더라면 이 모든 것을 충분히 감내할 수 있었으리라. 그러나 성부 역시 멀리 계신다는 사실은 십자가에 더없는 쓰라림을 선사한다. 목마름은 이제 고통받는 분의 한계까지 차오르고, 그분 안에서, 그분 곁에서 공허함의 크기가 그 목마름의 크기가 된다.

만일 하늘나라에서 하느님 현존의 충만함에 대해 아주 빈약하게나마 그림을 그리려 시도해 본다면, 모든 지상의 언어와 척도는 무너져 버림을 보게 될 것이다. 이는 모든 시간을 초월하며, 언제라도 시간 속으로 당신을 드러내 보이실 수 있는 권능을 지닌 충만함이다. 하늘나라에서 하느님께서는 모든 것이시며, 그분께 모든 것이 속해 있다. 그분 본성의 무한함은 존재의 영원성에 상응한다. 이 충만함으로부터 성자께서 나오신다. 성자의 파견은 처음부터 모든 신성의 표지로 그려진 신적 발상이었다. 그 승낙이 신적이었으며, 그 처

분이 신적이었고, 그 허락이 신적이었다. 그리고 성자께서는 지상에서 축소되지 않은 온전한 인간의 삶을 당신의 신성과 결합하는 임무를 지니셨다. 그리하여 그 파견이 여전히 신적으로 남아 있으면서도, 인간의 눈을 밝혀 볼 수 있도록 하고, 인간의 삶을 그 파견으로 향하게 하는, 어려운 임무를 맡으셨다. 성자께서 맡으셨던 임무는 시간 속에 들어오는 일, 시간과 공간 안에서 자리를 차지하는 일, 인간이 알아볼 수 있는 의미를 지니고, 인간에게 하느님의 현존과 천국의 도래를 바라보도록 하는 것이다. 성자께서는 이 임무를 행하시고, 그 사명과 당신을 하나로 만드시며, 그 사명을 한순간도 잊지 않으신다. 그 사명은 그분께 지상의 양식이며, 성부와 결합하는 끈이다. 그 사명 안에서 그분께서는 매 순간 성부의 뜻을 발견하신다. 사명과 성부의 뜻은 완전히 하나다. 그분께서는 그 사명을 수행해 감으로써 성부의 뜻을 이루시는 것이다. 사람들은 주님의 몇몇 기적과 말씀을 보고, 이것들이 직접적으로 성부의 뜻이 성취되는 것이라고 이해할 수밖에 없다. 하늘과 땅을 잇는 그 다리가 명백하게 드러나는 것은 아니었을지라도, 사람들은 주님께서 하신 모든 일들 안에서 이를 인지하게 되었다. 하느님의 뜻이라는 보이지 않는 실로 성자께서는 사명을 눈에 보이게 엮어 나가셨다. 그리고 우리 눈이 거기에 익숙해지도록, 그 사명에 매일매일 그날의 모습을, 순간의 상황과 요구에 맞아서 파악되고 이해될 수 있는 모습을 부여하셨다. 우리의 믿음이 영원한 하느님의 진리로부터 형성되어 있다 하더라도, 그 믿음이 더 개방적으로 되고, 더 수용 능력이 있게 되며, 더 이해될 수 있고, 더 적합하게 작용하게 되는 순간들이 있다. 성자께서도 이 순간들을 이용하시고, 당신께서 원하실 때, 그 순간에 영원한 생명의 깊이를 부여하신다. 그리고 결국 영원한 하느님으로부터 버림받았을 때, 그분께서는 이전의 모든 것들에 목말라하셨다. 죽어 가는 인간(질병의 짐이 지워진 사람만이 아니라, 자신의 존재에 의미를 부여하는 모든 것을 박탈당한 사람까지)의 이를 데 없는 공허함을 느끼신다. 삶은 무의미하게 보인다.

이것이 주님의 어둔 밤이다. 가장 깊은 빛을 알았던 사람만이 겪을 수 있는 밤이다. 박탈된 포만감의 공동空洞이 될 때라야 가능한 목마름이다. 이는 우리가 주님을 아는 예지를, 주님의 도래를, 더욱 커진 그분의 영원한 진리의 절박함을 목말라할 때, 우리의 나약한 믿음 안에서 느끼게 되는 긍정적인 목마름이 아니다. 이는 시작된 충만함으로부터 나오는 목마름이며, 더 많은 것을 갈망하는 목마름이다. 우리는 갈증을 해소하기 위해 어느 쪽을 향해야 하는지 알고 있다. 하지만 주님께서는 부정적인 목마름을, 박탈의 목마름을, 빼앗겨 버린 모든 것에 대한 목마름을 참아 내고 계신다. 이것이 바로 그분께서 "목마르다!"라고 말씀하실 수밖에 없었던 그 밤의 끔찍한 점이다. 하지만 그분께서는 이 말씀 안에 목마름을 포함하고 계시며, 거기로 향하신다. 이 말씀은 그 상황에 주어진 당신의 철저한 소여성所與性을, 즉 당신께서 그 자리에 철저히 내던져지셨음을 드러내는 표현이다. 그분께서 목말라하셨기에, 우리는 목마름이 해소되는 것을 느낄 수 있다. 그분께서 당신 안의 모든 것이 오직 타오르는 무無가 될 때까지 당신을 비워 내셨기에, 우리는 그분을 우리 안에 성체로 모실 수 있다.

그분의 육적-영적 현존의 성사는 십자가의 말씀을 통해 새로운 얼굴을 지니게 된다. 주님께서는 당신의 몸과 피를 우리에게 회상하라는 의미를 담거나 격려하기 위해 주시는 것이 아니라, 당신께서 십자가에서 이 엄청난 목마름을 겪었다는 증거로써 주신다. 그분께서는 우리를 곁에서 고독의 비밀에 참여하게 하신다. 우리에게 어떤 것을 주시는 것이 아니라, 모든 것을 주신다. 그리고 여기에서 **모든 것**이란, 그분께서 영원한 신인神人적 말씀의 무게를 지닌 채, 당신 자신을 십자가의 말씀에 맡겼음을 말한다. 시간은 이 말씀을 약하게 만들지 못하며, 그 말씀으로부터 삶의 의미도, 세상을 위한 그 현실성도 빼앗지 못한다. 십자가 위에서의 그분의 목마름은 언제나, 모든 세대에 걸쳐, 모든 개인과 우리 가운데 모든 이에게 유효하다. 십자가에서의 이 말씀이 모든 이를 위한 것으로 이해되기에 충분하며, 이로써 모두가 자신을 초대된 이로 바라볼 수 있다. 십자가에 참여하라는 이 초대는 성찬례 안에 드러나지 않게, 마치 배경처럼 놓여 있다. 그럼에도 이 초대는 간과될 수 없다. 한 사람이 다른 사람에게 "목마르다."라고 말한다면, 그 말을 들은 이는 의미를 곧바로 이해할 것이다. 근본적으로 주님께서 이 말씀을 당신 자신을 향해서 하셨는지, 아니면 다른 누군가를 향해서 하셨는지는 중요하지 않다. 이는 고통받는 한 인간이 자신의 심중을 표현하는 말이다. 십자가의 말씀은 전적으로 이해의 차원에서 언어로 표현되는 것이다. 그것을 들은 사람은, 무언가 답하지 않고도 거기에서 표현된 바람에 응할 수 있다. 그는 목마른 이에게 마실 것을 줄 수 있다. 성자께서는 극도의 고독 속에서 아주 작은 선물, 한 잔의 물을 청하는 걸인의 단계에 이르기까지 낮아지셨다. 그리고 그분의 부탁을 들은 사람은 십자가의 높이까지, 비슷한 처지 사이에 나누는 대화의 친교까지 들어올려진다.

그럼에도 사람들 가운데 가장 비친한 이가 십자가 위에서 한 말씀은 여전히 기도의 말씀으로 남아 있다. 우리 가운데 성체성사적 주님의 현존은 상호적 개방성을 가능하게 한다. 그 안에서 크든 작든, 혹은 생각한 것이든 말한 것이든 모든 것이, 단지 우리에게만 해당하는 것이 아니라 그분께도 유효할 수 있다. 주님께서도 십자가에서 다르게 행동하지 않으셨기 때문이다. 그분께서는 그 목마름의 말씀을 당신 스스로를 향해서, 그리고 우리를 향해서 말씀하셨기에 그 차이는 순식간에 사라져 버린다. 우리가 무엇이 그분의 현존인지 더 잘 이해할 수 있도록, 그분께서 당신 사명 안에서 무엇을 그 안에 놓아두셨는지 (극도의 고통을 겪고 계신) 그분의 현존 곁에서 알아볼 수 있도록 말이다. 사도들에게 하신 요구의 말씀, 당신 뒤를 따르라는 초대는 거기에서부터 엄격한 특성을 얻게 된다. '나를 따라라!'라는 말씀의 뒤에 이렇게 이어진다. '십자가에 이르기까지, 그 고독에 이르기까지, 저 마지막 목마름에 이르기까지 말이다.'

6장

"이제 다 이루었다."

세례성사

주님께서는 당신의 죽음으로 사명을 끝까지 완수하셨고, 사명을 통해 얻어 낸 모든 것을 교회에 주셨다. 십자가 죽음으로 그분께 모든 것이 닫혀 버린 바로 그 순간, 교회에 모든 것이 열리게 되었다. 세례라는 문을 통해 교회에 들어온 사람을 위해서도, 주님께서 주신 그 선물은 여전히 남아 있다.

이 말씀은 말씀이 향하는 특정 대상인 청자聽者를 갖지 않는다. 그럼에도 모든 이에게 하신 말씀이다. 성부를 위한 말씀이자, 성자를 위한 말씀이며, 성령을 위한 말씀, 성자께 고통을 준 모든 이들을 위한 말씀, 당신 교회를 위한 말씀이다. 성자께서는 이 말씀 안에 당신의 모든 현존을 요약하신다. 끝자락에 서 계신 당신을, 더 이상 아무것도 할 수 없는 당신을, 당신의 죽음을 하나로 모으신다. 그분께서는 당신 여정과 사명의 마지막 의미를 세상에 보이신다. **다 이루는 것**. 그리고 그 사명은 진실로 다 이루어졌다.

성자의 이 말씀은 마침표를 찍으셨다거나 펜을 손에서 내려놓으셨다는, 혹은 더 이상 일하지 않으시겠다는 의미가 아니다. 오히려 지상 사명의 한 장章이 끝났음을 확언하시는 말씀이다. 이 장의 의미는 영원을, 삼위일체이신 하느님께서 세상을 구원하기로 결정하시는 그 찰나를 다시금 바라보게 만든다. 또 구원할 사람들이 있는 한, 그들에게 다가올 천상적 미래를 바라보게 만든다. 그러나 근본적인 핵심은 이 지상의 삶이 끝났다는 것이다. 이는 수치와 고독, 고통과 한계 속에서의 죽음이다. 그렇지만 다 이루어졌다. 지상에서의 이 비참한 사건과 성부의 강력한 의도 사이에는 아무런 관계도 없어 보인다. 성자께서 영원 속에서 성부께 드렸던 서약과 이 완전한 재앙 사이에는 아무런 관계도 없어 보인다. 세상의 구원과 십자가를 둘러싼 오합지중의 사람들 역시 아무런 관계도 없어 보인다. 관계있는 것은 단지 성자인 자신과 당신의 현존뿐이다. 신적 의미에서 모든 것이, 당신께서 뜻하셨던 모든 것, 성부의 명령 안에 담긴 모든 것, 세상의 죄를 이길 수 있는 모든 것이 다 이루어졌다. 옛것을 끝내고 그 끝을 당신께서 감내하시는, 그럼으로써 새것이 자유롭게 되는, 그분 사명의 내용이 다 이루어졌다. 그 사명의 내용이란 결국 영원한 생명으로 가는 길이며, 이것이 바로 세례의 본질이다.

모든 십자가의 말씀이 그렇듯, 이 또한 교회의 사명이며 형상이 된다. 여기에서 다 이루어졌다 함은, 교회를 위해서 다 이루어진 것이다. 이를 통해 교회가 **다 이루어진 것과 그 성취**를 관리할 수 있도록 말이다. 교회는 그 모든 결과의 큰 수혜자인 동시에, 주님의 이름으로, 주님을 대신하여 성사를 주기에, 교회가 그 결과가 된다. 주님께서 교회에 성사를 주신 것처럼 교회는 그 성사를 받아들인다. 그리고 주님께서는 성부의 말씀이자 동시에 고통받는 이로서 교회에 성사를 주신다. 말씀 안에서 그분께서는 당신 자신을, 저 신적 사명을, 신적-인간적 고통을 드러내신다. 성부께 대한 순명을 통해 성자께서는 사명을 완수하신다. 하지만 교회의 설립자로서 이를 행하신다. 교회는 그분의 지상 삶보다 오래 가겠지만, 그분의 가르침을 받들고, 언제나 새로운 빛 안에서 그분의 말씀을 단순히 바라보거나 관찰하는 것을 넘어서서 귀 기울여 듣고 지킬 때, 즉 그분과 연결되어 있어야만 살아 있을 것이다. 신앙을 지니고 말씀을 바라보는 이는 그가 이미 오래전부터 알고 있지만, 언제나 새로운 의미를 지닌 그 말씀에 거듭 의지한다. 왜냐하면 교회 안에서 주님의 현존은 결코 닳아 없어지지 않으며, 그분 말씀이 (정말로 그분의 말씀이라면) 언제나 깊은 체험으로 들릴 것이기 때문이다. 그분께서는 성경 말씀 안에 현존하시며, 성경의 모든 장은 십자가(옛 계약과 새 계약 안의 모든 것이 통합되고 완성되는 십자가)를 가리키고 있다. 주님께서는 당신께서 모든 것을 다 이루셨다고 말씀하지 않으신다. 비인칭으로 표현하며 당신과 사명 사이에 놓인 최후의 간극을 가시적으로 드러내신다. 그분께서는 이를 이미 일어나 더 이상은 변경할 수 없는 사건으로, 하지만 결국 모든 새로운 것에 자리를 열어 줄 힘을 지닌 사건으로 바라보신다.

그리스도께서는 이처럼 모든 것을 이루시는 분으로, 십자가에서 죄를 미리 짊어지고 가신 분으로 세례를 받으셨다. 그분께서 이 세례의 순간에 새롭게 태어나, 성취된 주님의 업적 앞에서 마치 무죄한 어린아이처럼 서 있도록 말이다. 그리고 주님께서 이를 개인적인 업적으로 취하지 않으시기에, 이는 삼위일체 하느님의 완성된 업적이요, 교회의 업적opus operatum이 된다. 당신의 사업이 완전히 성취되었음을 넘어, 그 성취된 것을 성자께서는 고독 속에서 바라보신다. 성자께서는 성부의 칭찬이나 성령의 감사를 받지도 못하시고, 인간이 알아봐 주는 것도 아니다. 실질적으로, 홀로, 어떠한 격려도 받을 수 없는 곳에서, 최후의 곤경 속에서, 최고의 두려움 속에서 이 성취를 인정하셔야만 했다. 그분께서 당신의 과업을 바라볼 수밖에 없을 만큼, 그 과업 역시 그분과 떨어질 수 없을 만큼 그 과업의 객관성은, 그 사명의 원숙함은 엄청난 것이었다. 이는 최후의 눈 맞춤이자, 마지막 조망이다. 하지만 동시에 최후의 확실성이기도 하다. 그로부터 세례받은 그리스도인의 확신이 시작되는 그런 확실성 말이다. 이는 새로운 생명의 날들을 포함하는 끝이다. 각각의 날들은 따로따로 다가오며, 각각 주님을 가리키는데, 이는 교회 안에서, 또한 다 이루어진 것에 대한 기쁜 자각 속에서 살아갈 수 있도록 하기 위함이다. 그리스도인이 살아가게 되는 새로운 삶은 단순히 일반적인 의미에서 그 뿌리를 주님 안에 두는 것이 아니라, 가장 나약한 지금 이 순간에 뿌리를 둔다. 주님께서 친히 말씀하셨던 것처럼, 저 끝까지 다다른 그 순간에, 새로움이 생겨나도록 하기 위해 반드시 필요했던 일이 다 이루어진 그 순간에 말이다.

구약의 인물은 자신들이 하느님께서 뜻하셨던 대로 그분의 계명을 지키며 살 능력이 없다는 사실을 입증했다. 하지만 성자께서는 이미 영원에서부터 성부의 품에서 사셨다. 당신을 향한 성자의 사랑을 성부께서 성령 안에서 느끼실 수 있도록, 또한 그 똑같은 사랑이 성부의 모든 피조물을 향해 뻗어 나가듯 보일 수 있도록 말이다. 성부께서는 이러한 경험을 통해 인간이 되신 성자께서 당신을 결코 실망시키지 않으리라는 것을 알고 계신다. 또한 성자께서 인간이 되시어 지상에서 살아도 마치 성부의 품을 결코 떠나지 않은 듯 살리라는 것도 아신다. 성자께서는 유혹에 굴복하지 않으시리라. 그분께서는 성부께서 바라셨던 것처럼, 인간으로 존재하고 인간으로 남아 계시리라. 그분을 통해서, 그분 안에서 성부의 나머지 피조물들은 영원한 사랑의 생명과 다시금 연결될 수 있었다. 성찬례에서 성자께서는 당신의 살아 있는 살과 피를, 지상에서 겪으셨던 인간의 모든 경험을 선물로 주신다. 하지만 세례 안에서 그분께서는 원하는 이들을 그 선물에 적합하도록 만들어 주신다. 아담의 원죄 이후 인간이 결코 도달할 수 없었던 저 고결함을, 하느님의 세상을 떠난 적도, 돌아선 적도 없었기에 오직 그분만이 전해 주실 수 있었던 하느님의 세계로 들어가는 그 길을 선사하신다. 이는 유일한 선물이며, 그러기에 결코 반복될 수 없는 것이다. 이는 더 이상 닫힐 수 없는, 영원으로 향하는 열린 문이다. 이는 충만함 속으로의 침잠이다. 이 충만이란, 선사받는 사람이 그에 대해서 아무것도 이해하지 못하며, 하물며 전체를 조망하지도, 소화하지도 못하지만, 그 안에 모든 힘과 확신, 믿음의 원천을 지니며 일생 동안 시간의 흐름 안에서 점점 더 펼쳐지는 충만함이다. 세례받는 이에게 주어지는 이 선물이 하늘에서 수직으로 내려오는 것처럼 보이지만, 이미 지상에 이 선물의 거처가 있다. 교회는 이 충만함의 장소다. 세례 받은 이들의 공동체로서 교회가 그 선물이다. 그러기에 이 공동체의 다른 지체들은, 새롭게 세례받는 이를 받아들임으로써 스스로 다시금 강해지는 동시에, 자기에게 주어진 신앙의 충만함으로부터 세례받는 이를 위한 보증이 되어 줄 수 있는 것이다.

하지만 세례에 결부된 이 모든 완전함은 십자가 위에서 모든 것이 다 이루어졌다는 사실의 교회적 측면에 지나지 않는다. 십자가 위에서 죽어 가는 그분께서 이렇게 확언하셨다면, 이는 극도의 고독 속에서, 어떠한 보증이나 대부모도 박탈해 버리는 그러한 고독 속에서 이루어진 일이다. 누구도 그분 죽음의 보증인이 되기를 원하지 않는다. 그분께서는 성부도, 성령도 볼 수 없으며, 교회도, 신자들도 찾지 못한다. 지금 되어 가는 교회에 대해, 세례받은 이들의 공동체에 대해 어떠한 그림도 그릴 수 없다. 왜냐하면 그 고독이 그분 사명 안에 놓여 있기 때문이다. 하지만 그 사명이 다 이루어진 순간에, 그 사명은 그분께로부터 사라져 버린다. 그분께서는 명백하게 단언하신다.

"다 이루어졌다."(요한 19,30)

이 말씀 안에는 다 이루었음에 대한 소유권 선점이나 그에 대한 향유, 평가, 소유를 포기한다는 사실이 담겨 있다. 그분의 죽음 때문에, 다 이루어진 것이다. 하지만 죽어 가는 그분께서는 더 이상 어떤 것도 견딜 수 없다. 그분의 모든 것이 교회에 주어진다. 그분 죽음의 약함은 세례받는 이가 새롭게 태어날 수 있는 힘이 된다. 죽음이 그분께 그러했던 것처럼, 그 힘 역시 세례받는 이에게 유일하고 결정적이다. 이곳을 떠나, 저곳에서 받게 되는 세상은 주님께서 만드신, 아니 사실 주님께서 산출해 내신 세상이다. 땅 위에 존재하는 천상 세계, 하느님과 화해한 세계이며, 자연과 초자연이 그 안에서 만나고, 모든 약속이 그 안에서 성취된다는 일반적 정의만으로 표현할 수 있는 곳이 아니라, 그것을 넘어서 성자께서 구체적으로 살아가셨던 지상의 삶을 통해 특징지어진 그런 세계다. 주님께서 걸어가셨던 그 길을, 주님을 따르는 그 길을 세례가 열어 준다. 이 구체적이면서도 일회적인 삶은 그리스도교적인 것의 형상화인 동시에, 모든 그리스도교 가르침의 형상화다. 주님께서 사셨던, 기도하셨던, 바라보셨던 것, 그분께서 행하셨고, 감내하셨던 모든 것이 바로 이 가르침의 내용이다. 세례는 그 안으로 들어가는 입구이며, 더 나아가 근본적으로 모든 것으로 들어가는 길이다. 다 이루어졌다는 십자가 위에서의 말씀을 통해 살아 계신 그분께 모든 것이 닫혀 버렸듯이, 세례 안에서 세례받는 이에게 모든 것이 열리게 된다. 세례를 통해 새롭게 열린 그리스도교적 진리 외에 더 높은 단계의 축성을 필요로 하는, 숨겨진 두 번째 진리는 존재하지 않는다. 세례 자체가 바로 그 축성인 것이다.

주님께서 당신의 죽음 안에서 모든 진리를 이루셨고, 지상 삶의 진리뿐만 아니라, 성부와 성령으로부터 이 세상에 가져다주신 진리를 그 안에 포함시키심으로써, 마치 마지막으로 모든 진리를 봉하신 것과 같다. 그 모든 진리를 교회에 넘겨주시기 위해서 말이다. 그리고 교회는 세례성사 안에서 그리스도의 신비인 그 봉인을 뜯는다. 그 안에 삼위일체 하느님의 영원한 의미가 전부 담겨 있다. 성자의 지상 삶을 통해 한데 모인 채, 그분의 죽음을 통해 완결되고 닫혔지만, 믿음을 지니고 그 신비 안으로 들어가는 이에게 세례를 통해 다시 열리는 그 모든 의미가 말이다. 세례받는 이는 자신이 들어간 그 공동체가 한계를 지니지 않으며, 모든 진리를 자신 안에 감추고, 자기 안으로 사라지게 한다는 것을 깨닫게 될 것이다.

그리고 사제가 세례를 줄 때에 말하는 모든 단어와 수행하는 모든 행동은 주님의 삶에서 나온 것이다. 십자가에서 죽어 가시는 분께 마지막이라고 보였던 그 순간이, 교회의 모든 시간 속으로 그분의 생명을, 그분의 영원히 **다 이루어진** 삶을 열어 준다. 물론 수 세기 동안 이어진 그리스도교적 삶을 통해 드러나듯이, 그 어떤 것도 성자께서 이루신 충만함에 다가가지는 못한다. 그저 **다 이루어짐**이 얼마나 풍요로웠던 것인지 입증될 뿐이다. 하늘과 땅을, 하느님과 인간을 이어 주는 셀 수 없이 많은 다리, 교회가 건설하고, 형성되는 것을 바라보는 다리 모두 주님께서 확증하신 그 말씀 안에 존재하고 있다.

7장

"아버지, 제 영을 아버지 손에 맡깁니다."

견진성사

마지막 순간에 주님께서는 당신의 영을 아버지께 돌려드리신다. 성부와 성령으로부터 떨어져, 홀로 죽음을 향해 걸어간다는 것은 너무도 고통스러운 일이었을 것이다. 그러나 성령께서 우리에게 '내려오시기' 위하여, 그분께서는 먼저 성부께서 계신 곳으로 '올려지셔야' 했다. 성자께서는 바로 우리를 위해 성령을 성부께 맡겨 드렸던 것이다.

성자께서는 당신께서 지니신 최후의 것, 당신의 영(성부의 영인 동시에 성자의 영, 곧 성령)을 드리기 위해 성부께 몸을 돌린다. 성령께서는 성부의 뜻 안에서 동정 마리아 위에 내려오셨고, 이제 성자께서는 성령을 성부께로 돌려보내신다. 성령께서는 성자의 신실한 내적 동반자인 동시에 지상에서도 성부께서 성자와 함께 계심을 입증하는 영속적인 증거였다. 성자께 성령은 성부의 영이며 하느님의 영이었다. 그분께서 이제 성부의 손에 그 영을 맡겨 드린다는 것은, 당신의 벌거벗은 인성을 그대로 노출한 채 돌아가시기 위함이다. 성부께서 시작하시고, 당신께서 이 마지막 행위 안에서 끝맺으시는 극한까지 치닫는 고독 속에서 돌아가시기 위해서 말이다. 이는 더할 나위 없는 순종의 행위다. 성령께서는 어떤 의견도 표명하지 않으신다. 그분께서는 **보내지는 분**이시기 때문이다. 하느님의 영이신 성령께서 사랑이시기에, 자신을 보내도록 내어 주는 것은 당신의 본질에 속한다. 사랑이 논쟁을 모르고 그저 존재하는 것처럼, 그저 누군가가 사랑을 드러내는 자리로 향하는 것처럼, 그렇게 성령께서도 성자로부터 성부의 손으로 보내지신다. 죽음의 무력함 속에 계시는 성자, 그럼에도 무슨 일이 일어나야 하는지 어떤 것도 놓치지 않으시는 당신 본성적 능력 안에 계시는 성자로부터 말이다. 성령과 함께 죽음을 향해 간다는 것은 아마도 조금은 그 무게를 줄여 줄 것이다. 그 추락이 조금은 덜 갑작스러울 것이다. 하지만 성자께서는 죽음의 두려움에도 불구하고, 최후의 심연 앞에서도 주저하지 않으신다. 죽음까지 이르는 그 순종 안에서 성자께서는 성부께 당신의 영을 돌려보내신다. 이렇게 (마치 스스로 그렇게 하신 것처럼) 당신 사명이 끝나는 것은 아니다. 그 사명은 오직 성부와의 최종 정산이라는 결말에 이를 때까지 지속되는 것이다. 하지만 성부께서는 성자의 순명이 성령의 완전성까지 이른다는 것을 알아보실 수 있을 것이다. 성자의 삶과 죽음에 이와 같은 방식으로 함께하는 것이 성령의 사명에 속하는 것은 아니다. 성령의 역할은 장차 있을 완성 이후에 속한다. 성령은 생겨나는 교회에, 주님의 가르침과 진리에, 그 성사에 속한다. 성령께서는 **불고 싶은 대로 부는** 그 자유를 지니셔야 한다.

만약 삼위일체이신 하느님께서 믿는 이들에게 당신 세 위격의 동질성을 알아볼 수 있도록 해 주신다면, 하느님의 위격 가운데 하나를 특징짓는 모든 것은, 마찬가지로 항상 다른 두 위격을 더 잘 이해할 수 있도록 도와줄 것이다. 성령에 대해 언급하는 성자의 모든 말씀은 좀 더 생동감 있게 성부와 성령을 우리의 신앙에 제시해 준다. 이는 특히 삼위일체의 관계에 대해 죽어 가시는 성자께서 그리는 그림과 그 마지막 말씀에도 유효하다. 왜냐하면 성자께서(성부께로부터 버림받고 성령을 스스로 내어놓으시는 바로 그분) 권유의 형태로 성령을 성부께 다시 돌려 드리기 때문이다. 지금, 성령을 소유한 분은 성자시다. 성부께서 성령을 저 여인에게 보내셨을 때, 성령을 가진 것은 바로 성부셨다. 하지만 지금, 죽어 가시는 성자께서 성령을 지니고 계시고, 바로 이 영의 교환 안에서 하느님 사랑의 본질이 드러난다. 사람의 아들이 죽기까지 사랑했던 것은 인간만이 아니었다. 인간만이 아니라 하느님 역시, 아니 특별히 하느님을, 성령과의 일치 안에 계시는 성부 하느님을 사랑하셨다. 성자로 하여금 성부와 성령께 대한 의무를 소홀히 하지 않도록 한 것은 바로 그 인간이었다. 죽음의 순간에 성령을 돌려 드린다는 것은, 마치 성자께서 성령께 방해받지 않고 홀로 죽기를 바라셨다거나, 이 인간적 행위를 하느님의 도움 없이 완수하기를 바라셨다는 것과 같은 반항이나 거부와는 정반대의 행동이다. 오히려 이는 성부를 향한 성자의 경외심과 효성이 가득한 마지막 행위다. 마치 성부께서 성자를 떠나셨던 것처럼 보이지만, 이렇게 성자께서는 성부의 영 안에서 머물렀던 지상에서의 최후를 정리하신다. 성자께서는 이를 기도 안에서, 권유라는 겸손한 방식으로 행하신다.

아마도 이 기도를 들은 사람들은 어째서 성자께서 성령을 돌려보내시는지 의문을 품었을 것이다. 성자께서 죽음 속에서도 성령을 간직하면 안 되었단 말인가? 지상에 단단히 붙어 있기 위해, 성령께서 마지막까지 지상에 머물러 계시는 편이 더 낫지 않았을까? 하지만 성령을 하늘로 다시 돌려 드린다는 말 속에는, 성령께서 새로이 하늘에서 내려오시리라는 약속이 담겨 있다. 교회 안에 계시는 성령은 성자의 인간적 모습의 확장이 아니라, 하늘에서 내려온 새로운 계시다. 자신의 온전한 자유와, 동시에 온전한 파견을 알리는 폭풍처럼 부는 바람 속에서 오는, 세 번째 위격의 계시다. 성령께서 성자로부터 나와 성부께로 돌아가신다. 왜냐하면 성령께서는 하늘에서 내려오셔야 하기 때문이다. 신앙인이 이를 알 수 있다는 것은 얼마나 좋은 일인가!

그리고 다시 한번, 스러져 가는 말씀이신 분의 말씀이, 성사적 말씀이, 교회가 그저 받아 간직하기만 할 것이 아니라, 사랑 안에서 나누어야 하는 말씀이 교회 안으로 들어온다. 부활하시어 하늘로 오르신 성자께서 오순절 성령을 믿는 이들에게 보내시기에, 성령의 천상 귀환은 견진성사를 위한 공동空洞과도 같으며, 그 준비와도 같다. 성부의 손에 성령을 맡겨 드리기 위해, 십자가상에서 성령을 벗어 던져 버린 사랑, 바로 그 사랑 안에서 성자께서는 성령을 세상으로 보내시며 교회에 맡기신다. 그리고 이제 그 성령은 활력을 주는 영이시다. 하늘에서 오는 것은 언제나 새롭고, 영원히 생기발랄하며, 미래에 대한 확고한 기대로 충만하다. 십자가 아래에 서 있었고, 이제 곧 오순절을 체험하게 될 그들은 그 영이 어떻게 지상에서 하늘로 올라갔는지 다시 알아보게 될 것이며, 다시 내려오는 것을 볼 수 있을 것이고, 성부께로부터 왔고, 성부께 돌아가는 성자의 길과 그 길을 비교할 수 있을 것이다. 그들은 성령께로부터 통찰력을 받게 될 것이다. 그분이 성부의 영이며 성자의 영이시라는 것뿐만 아니라, 그분 스스로 바로 하느님의 세 번째 위격이시라는 것을, 그러나 자신의 신적 자유 의지를 성부와 성자 사이의 사랑을 영광스럽게 하는 사명에 봉사하는 데에 두는 신적 위격이시라는 것을 알아볼 수 있는 통찰력을 말이다.

십자가 주위가 어두워지기에, 성령께서는 성부의 빛을 향해 돌아가신다. 타오르는 불길 안에서, 영원한 생명의 불꽃을 지닌 채 세상의 어둠으로 다시 돌아오기 위해서 말이다. 신앙인은 그 장엄한 영광을 통해 그분께서 삼위일체 하느님의 영이심을 알아볼 수 있을 것이다.

아드리엔 폰 슈파이어의

생애와 영성

"아드리엔 폰 슈파이어는 삼위일체, 강생, 십자가를 비롯해 여타 많은 것들에 대한 신학적 직관을 갖고 있었습니다. 이는 1940년대 이후부터 마지막까지 줄곧 제게 영감을 불어넣어 주었습니다. 제 모든 활동은 거대한 가톨릭적인 전망의 관점 안에서 자리하고 있습니다."

― 한스 우르스 폰 발타사르

"지상에서 천국의 삶을 살도록 부르심받은 이"

슈파이어의 생애

아드리엔 폰 슈파이어는 1902년 9월 20일, 스위스 라쇼드퐁에서 4남매 중 둘째로 태어났다. 쾌활하고 온화한 성격이었던 그녀는 어릴 때부터 안과 의사였던 아버지를 따라다니며 아픈 아이들을 많이 만났다. 그리고 아버지가 아이들을 고쳐 주는 모습을 보면서 의사가 되겠다는 꿈을 가졌다.

슈파이어는 독실한 개신교 집안에서 자랐지만 목사가 말하는 개신교가 공허하다고 느꼈다. 그 하느님은 자신이 아는 하느님과 달랐기 때문이다. 9세 때는 예수회원들과 묵상 기도에 관한 강의를 하기도 했는데 그때 이미 그녀의 마음에는 가톨릭 신앙이 싹트고 있었다.

의학을 공부하며 꿈을 키워 나가던 어느 날, 아버지가 돌아가셨다. 겨우 10대 중반이었다. 집안 형편이 어려워져 그녀는 학업과 집안 살림을 병행해야 했다. 결국 1년도 채 지나지 않아 건강이 약해져, 의사에게 다음 해까지 살 수 없을 거라는 말을 들었다. 모든 걸 포기하고 요양하면서 기도하는 데 오랜 시간을 보낸 그녀는 그 시기에 기도의 세계와 고통의 세계를 경험했다. 그리고 앞으로 더욱 기도하는 삶을 살아야겠다고, 고통스러워하는 이들을 돕기 위해 의사가 되어야겠다고 결심했다.

기적적으로 건강을 회복한 그녀는 다시 의학을 공부하기로 했다. 그러다 1927년에 이탈리아로 휴가를 가는데, 그때 거기서 만난 역사학자 에밀 뒤르와 결혼했다.

1928년에 시험을 보고 마침내 의사가 되었다. 병원을 개업하자 많은 환자들이 몰려들었다. 슈파이어는 자신이 결심한 대로 가난한 사람은 무료로 진료하고, 수많은 아이의 생명을 구했으며, 미혼모와 그 자녀들을 관심을 가지고 돌보았다. 또한 의사와 환자의 관계에 관한 여러 글을 남겼다.

1934년, 남편이 갑작스럽게 사망했다. 슈파이어는 슬픔에 빠진 채 남편의 아이 둘을 키우며 살아가야 했다. 그러다 1936년에 아이들에게 헌신적이고 슈파이어의 영적 생활을 존중하는 에밀 뒤르의 조교수 베르너 캐기와 재혼했다.

슈파이어는 제 안에 있는 가톨릭 신앙을 깨달은 뒤 여러 번 사제를 만나 개종하려 하였으나 실패하였다. 하지만 모든 성인 대축일인 1940년 11월 1일에 한스 우르스 폰 발타사르에게 세례를 받고 가톨릭 신자가 되었다. 그리고 그와 지속적으로 영적인 교류를 나누다 1945년에 함께 재속 수도회를 설립하였다. 시간이 갈수록 건강이 점점 약해지던 그녀는 결국 1950년대 중반에 기력이 없어 더 이상 환자들을 진료하기가 어려워져 의료 행위를 그만두게 되었다. 그 후로도 기도하고, 뜨개질을 하고, 편지를 쓰고, 책을 읽으며 생활하던 슈파이어는 죽음을 앞두고 "죽는 것이 얼마나 아름다운가."라고 말하였다. 그 이유는 오직 하느님만이 우리 앞에 계시기 때문이었다.

1967년 9월 17일, 그녀가 세상을 떠난 그날은 빙엔의 힐데가르트 축일이었다. 슈파이어의 전 생애는 전적으로 하느님께 순명하고 하느님의 사랑으로 스며드는 삶이었다.

슈파이어의 영성과 신비 체험

슈파이어가 지옥에 대한 환시를 보고 성모 마리아, 이냐시오 성인 및 다른 성인들과 대화를 나눴다는 말을 들으면 그 시대 사람들은 의구심을 가졌을 것이다. 그러나 발타사르가 슈파이어의 저서를 출판할 때까지 가족조차도 그녀가 겪은 신비 체험에 관해 아는 것이 없었다. 슈파이어는 자신의 신비 체험을 영적 지도자이자, 고해 신부인 발타사르에게만 알렸다. 그녀는 오상의 신비, 천사들과 성인들에 둘러싸인 성모 마리아의 환시를 체험했을 뿐만 아니라 이냐시오 성인, 소화 데레사 성녀, 아르스의 비안네 성인, 여러 사도들, 교회의 교부들과 만나는 등 많은 신비 체험을 했다. 발타사르는 슈파이어의 신비 체험을 기록하고 묵상을 받아 적었다. 또한 그녀에게는 외적인 은사들도 있었는데, 주목할 만한 건 슈파이어와 환자 사이에서 이루어졌던 치유의 은사다.

슈파이어의 신비 체험 중에 성토요일에 대한 체험 또한 널리 알려져 있다. 슈파이어의 성토요일 신비 체험은 '그리스도께서 지옥에 내려가심은 성부를 향한 그분의 최종적인 순명을 드러내는 것'으로 이해할 수 있다. 그리스도께서는 지옥에서 자신의 구원 업적을 발견하신다. 슈파이어는 성자 그리스도께서 부활 이전의 성인을 풀어 주기 위해(마태 27,52 참조) 불타는 칼을 들고 지옥의 앞마당으로 들어가는 신화적 영웅의 대중적 이미지가 아니라, 이냐시오 성인의 '받으소서 Suscipe' 기도에서처럼 아무것도 모르고, 움직이지 않고, 기억하지 못하는 순종으로, 아버지에 대한 엄격한 순종으로 지옥의 깊은 곳을 여행한다고 설명한다. 슈파이어는 아들의 승리(부활절의 승리자가 아닌 순명의 극한적인 밤에 드러나는 승리자, 진정한 '시체의 순종'을 이룬 승리자)가 성부 아버지께 대한 완전한 순종에 있다고 말한다. 그분은 순종적인 사랑으로 죽음과 지옥을 통과하여 아버지께 나아간다. 성부께서는 성토요일에 이 신비를 위한 열쇠를 성자께 건네주셨다.

슈파이어는 성자의 '받으소서'의 완전한 구현이 아버지의 사랑과 완전한 개방성과 상호 사랑의 삼위일체 관계를 세상에 드러낸다고 말한다. 이는 철학적 범주보다는 기도를 통해 삼위일체 위격들의 일치와 구별을 한 것이다. 그녀는 사랑의 비유와 성사적 결혼의 비유로 이를 설명하고 있다. 이냐시오 성인이 일상적인 용어로 말하였듯이, 슈파이어도 복잡한 신학적 개념을 표현하기 위해 일상적인 언어를 사용하고 있다. 따라서 슈파이어의 일상적인 비유는 그녀의 신학적 개념과 영성을 이해하는 데 중요하다.

슈파이어의 작품

슈파이어는 의사이자 신비가로 활동하면서 많은 영성 서적 및 신학 서적을 집필하였다. 이미 신비 체험을 통해 가톨릭 교회의 교의를 거의 통달한 수준이었기에 그녀가 작품을 통해 전하는 신학을 '체험 교의 신학'이라고 부른다. 위대한 신학자 발타사르와 맺은 특별한 인연은 그녀의 기도 및 관상 활동에 적지 않은 영향을 미쳤다. 그녀의 요한 복음서 주해와 성경 주석들, 신학적·영성적 물음을 제기한 많은 작품들은 모두 발타사르와 공동으로 작업한 것이다. 그 모든 작품은 발타사르가 설립한 요하네스 출판사를 통해 출간되었고, 40여 개의 언어로 옮겨져 전 세계에 소개되고 있다.